学びの共同体の創造

—探究と協同へ—

東京大学名誉教授
佐藤 学

小学館

学びの共同体の創造

――探究と協同へ――

小学館

第一部

探究と協同の学びへ

第二部

学びのデザインとリフレクション

第三部
新型コロナ下における学びのイノベーション

第四部
学びの共同体のグローバル・ネットワーク

装丁・本文デザイン・DTP／見留 裕
校正／目原小百合　編集／小笠原喜一
カバーイラスト／岡部哲郎

第一部

探究と協同の学びへ

未来への希望を育てる
―沖縄の学びにおける自立と協同―

個性と共同性が響き合う教室

沖縄の春は早い。2月（2018年）初旬の訪問だが、すでに1月末に桜は咲き終え、街路はブーゲンビリアの花々で彩られている。沖縄本島北部のやんばる（山原）地域の国《くに》頭《がみ》村において「学びの共同体」の改革が始動したのは9年前の2012年、国頭中学校で開始され、翌年すべての小中学校で導入された。

今回訪問した学校は、国頭中学校（島袋賢雄校長）、辺土名小学校（新垣直昭校長）、奥間小学校（久高利美子校長）、安波小学校（宮城尚志校長）の4校である。そのすべての教室で「学びの共同体」の実践が挑戦され、そのほとんどが卓越した水準に達していた。なかでも、辺土名小学校1年の多和田与子さんの公開授業1年国語「お手紙」（アーノルド・

ローベル原作、三木卓訳）は印象深い授業だった。

多和田教室の1年生は、一人ひとりが粒だった個性をもち、教室全体が温かい空気に包まれて、26の個性が室内楽のようなアンサンブルを生み出していた。その秘密は、ベテランの多和田さんの穏やかさと教育の見識の高さ、そして子ども一人ひとりに注がれるまなざしの細やかさにある。授業は1分間の黙想から始まり、物語の概要を3分ほど確認した後、この授業でとりあげる4の場面の音読で始まった。

子どもたちの多くは母子家庭（もしくは父子家庭）であり、南米系のアベル（子どもの名前は仮名、以下同様）や中国系のリリ、アフリカ系のベラをはじめ外国籍に連なる子も多い。アベルは入学時はすぐ暴力をふるって教室を飛び出していたが、今はペアに支えられ落ち着いて学んでいる。中国人のリリは、温暖な沖縄では不似合いなふささでショッキングピンク色の熊のぬいぐるみのオーバーコートで毎日通学しているが、この日も授業開始直前に母が買ってくれたオーバーコートを頭からすっぽりかぶって教室に入ってきた。春節のため母親が彼女を残して中国に2週間も帰国したため、リリは教科書を持ってこないし、椅子に着席するととなりの裕太にもたれかかるようにして甘えている。

子どもたちの音読は少しだけ声量が大きかったが、素晴らしかった。それぞれ自分のテンポとリズムで言葉に触れており、音読が始まると、教室には26通りの「がまくん」と「かえるくん」が浮き彫りにされた。この音読は一人読み、ペア読みなどが組み合わされ、21分間続いた。その終わりには遅い子どもの読みが数人続いたが、読み終えた子どもたちは遅い子の読みに伴奏して指で文章をたどりながら読み返している。そして10分間の書き込み。気になるところ、おもしろいところに鉛筆で線を引き、ペアで交流される。そのあと、多和田先生の指示にしたがって、男の子と女の子で「がまくん」と「かえるくん」の役割を交代しながら台詞を読み合った。これら一連の活動は、それだけで弾むような学びの息遣いと読みの快楽に充ちていて、私を含む参観者は学び合う教室の素晴らしさに感嘆した。

　ほほえみとわずかの言葉で見守り支え続ける多和田先生だが、途中5回ペアによる思考を促し、5回テクストの音読へともどしている。このペアへのもどしとテクストへのもどしによって、子どもたちはいっそう学びの主人公となり、個と個のすり合わせによって教室の読みが織物のようにつながっている。多和田さんの授業は「学びの共同体」の授業の基本に忠実なのである。

　授業の終盤、予想通り、子どもたちのつぶやきと発言がさざ波のように広がり、聴き合う関係がしっかりしているので、深い学び合いへと自然と発展している。あのリリも裕太にもたれかかりながら、「お手紙の中で『親友』という言葉が2回も書いてある……だから、がまくんはかえるくんのとってもとっても大切な友だち。だから、かえるくんもいっしょにお手紙をたのしみに待っている」と発言し、子どもたちの拍手で受け止められた。この発言に象徴されるように、最後の10分間は圧巻であった。次々と子ども一人ひとりの個性的な読みがつぶやかれ、それらがつながり合い、響き合って学びを深いものにしていた。「じゃ、最後に今日の４の場面を音読して終わりましょう」という多和田先生の言葉に、子どもたちは一斉に「ええっ、もっとやりたい」と叫び、「４の場面だけじゃ、いや。全部もう一回音読したい」と主張し、７分間の音読によって授業は閉じられた。

やんばるに定着した学びの共同体

学校は地域社会の縮図であり、歴史のすべてを包摂して未来への希望を育む場所である。この沖縄では学校と地域のつながりも、子どもと歴史の宿命的つながりも、むき出しで現れている。この地域は新基地建設の辺野古からも、ヘリパッド建設の高江からも車で20分のところに位置し、しかも今回の訪問が名護市長選直後であったから、その想いをいっそう強くした。

やんばる地域の人々は二つの記憶のはざまで生きている。一つは多数の犠牲者を出した沖縄戦の記憶であり、もう一つは未曽有の繁栄をもたらしたベトナム戦争の記憶である。

ベトナム戦争のころ、やんばるの森林は出兵前のゲリラ戦の練習場となり、死を覚悟した米兵たちは所持金すべて呑みはたして、この地域に繁栄をもたらした。（辺野古新基地建設と高江へリパッド建設は、この記憶につながる悪魔のささやきと言えよう。）

「学びの共同体」がやんばるに導入されたのは９年前である。地域の経済と教育はすさんでいた。当時、指導主事であった宮城尚志さんは「学校を訪問したくても一日も学校に行けなかった」と語る。連日朝から晩まで、警察と少年院と児童相談所を駆け回っていたのである。それほど子どもも学校も荒れていた。当時、沖縄県の学力は全国で最下位だったが、その沖縄の中でも国頭地域は学力最下位であった。

９年前、３人のリーダーが地域の教育を動かした。教育委員会指導課長であった神元勉さん、指導主事の宮城尚志さん、そして小橋川春武教育長である。神元さんと宮城さんは広島市祇園東中学校を訪問して「学びの共同体」の改革を確信し、小橋川教育長は議会を動かして、全学校から教師たちが本土のパイロット・スクールを訪問できる経費を確保した。

翌年（２０１３年）、神元さんは国頭中学校の校長として〈奇跡的〉とも呼べる改革を実現し、宮城さんは指導課長として全学校を訪問して教師たちの改革を支援した。３年後には神元さんは名護市の東江《あがりえ》中学校でも「学びの共同体」の画期的成功を導いた。そして現在、わずか3人で始めた改革が、やんばる地域の全8小中学校へと拡がり、すべての教師たちによる授業改革へと発展している。「学びの共同体」の改革は、やんばるを全国的に見ても最も先進的な教育に挑戦する拠点地域へと変え、子どもと地域の希望を拓いてきた。辺土名小学校の多和田先生も、その教育に魅せられて、この地域に家族ぐるみで移り住んだという。

地域の希望としての学校

翌日訪問した奥間小学校と安波小学校は、「学びの共同体」の実践の質の高さを体現していた。奥間小学校は児童数が100名足らずの単学級学校である。1年生、2年生の教室に入ると、きゅっと詰まったコの字型の机の配置で、教師も椅子に座って同じ目線で学び合いが生み出されていた。いつもペアで学ぶ習慣がつくられているので聴き合う関係が築かれ、誰もが安心して学べる静かな教室である。この1年生の教室でも「お手紙」の授業が行われていた。授業の最後に読み終えたとき、ある子が「この物語の主人公って誰なの?」という問いを発し、そこから学びが再開された。かえるくんが主人公と考える子どもたち、がまくんが主人公と考える子どもたち、そしてかたつむりくんが主人公と考える

辺土名小学校１年「お手紙」の公開授業。

子どもたちまで現れて、多様な視点からの読み深めが実現していた。

奥間小学校の素晴らしさは、同僚性の素晴らしさとすべての教室で対話的で深い学びの追求が〈ジャンプの学び〉を中心に進められていることにある。（学びの共同体では授業の前半を教科書レベルの〈共有の学び〉、授業の後半を教科書レベル以上の〈ジャンプの学び〉で組織している。）

奥間小学校を訪問したのは2年ぶりだが、改革の進捗は驚嘆に値する。たとえば、最も困難な学年である5年生の教室を訪問すると、教室の後ろに掲示された子どもたちの絵と習字が表現している精神発達の幼さには驚く限りだが、教師の宮城さんの秀逸な指導によって、子どもたちの協同的学びは最高水準に達していた。参観した授業では折り紙を折って切る作業によって、正八角形、正十角形の作図が探究されていた。どの子も真摯で誠実に、そして夢中になって協同的学びを遂行し、探究の共同体が創出されていた。

その奥間小学校から車で30分、やんばるの森林を抜けて高江に隣接する安波小学校を訪問した。かつては木材の搬出拠点であった盆地の集落である。児童数は11人の小規模校。それでも運動会には、地域の人々や卒業生が集まってきて200人以上が参加するという。学校が地域共同体の中心に位置づいているのである。同校の授業は、6年以外はすべて複式であったが、その複式は西欧型であり、二つの学年を分けないで、同じ課題で協同する学び合いが実現していた。ここでも〈ジャンプの学び〉が探究的な子どもたちを育て、細やかで親密な関係を築いていた。教師たちの学び成長し合う同僚性がそれを支えていた。沖縄の未来は、〈自立〉と〈協同〉を学んだ子どもたちによって切り拓かれるに違いない。

学びの共同体におけるアートの学び

紀南の学校を訪れて

２０１８年2月、紀伊半島の南端、熊野市木本中学校と南牟婁郡御浜町阿田和小学校を訪問した。この地域は、かつて林業、漁業、ミカン栽培によって繁栄した地域であった。しかし現在、それらはことごとく衰退し、地域の経済は危機に瀕している。三重県の尾鷲市以南の地域は、北部と比較して平均年収は半分以下である。この紀南地域は、三重県といっても文化的にはむしろ和歌山県の新宮に近い。新宮と熊野は大逆事件の大石誠之助、文化学院を創設した西村伊作、小説家の佐藤春夫、学者南方熊楠などを輩出し、独特の歴史を刻んできた。その紀南地域において、学びの共同体の学校改革はすみずみまで拡がり、画期的な成功を収めてきた。その一端を阿田和小学校の事例で報告しよう。

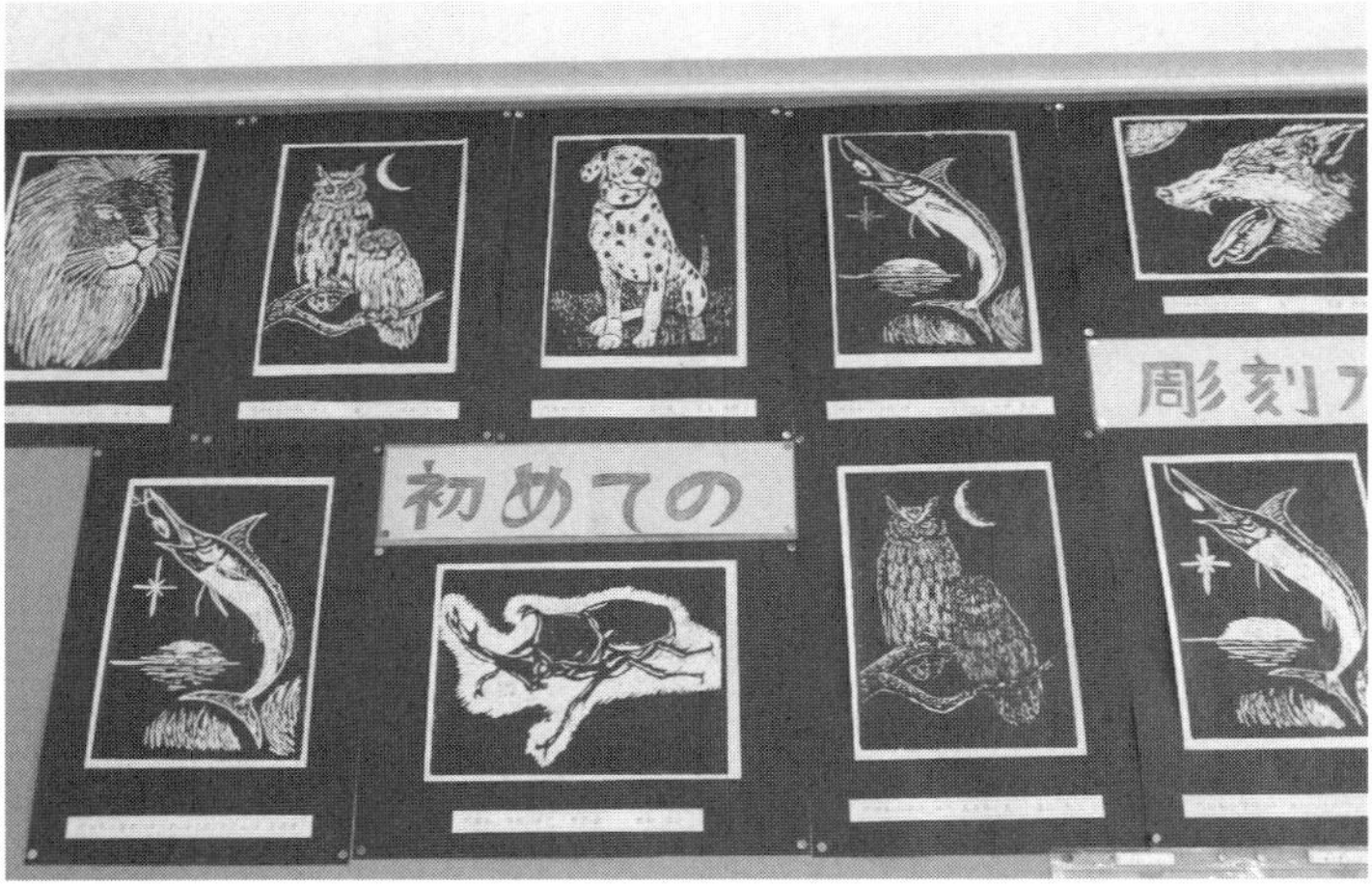

阿田和小学校３年生「初めての彫刻刀」の木版画作品。

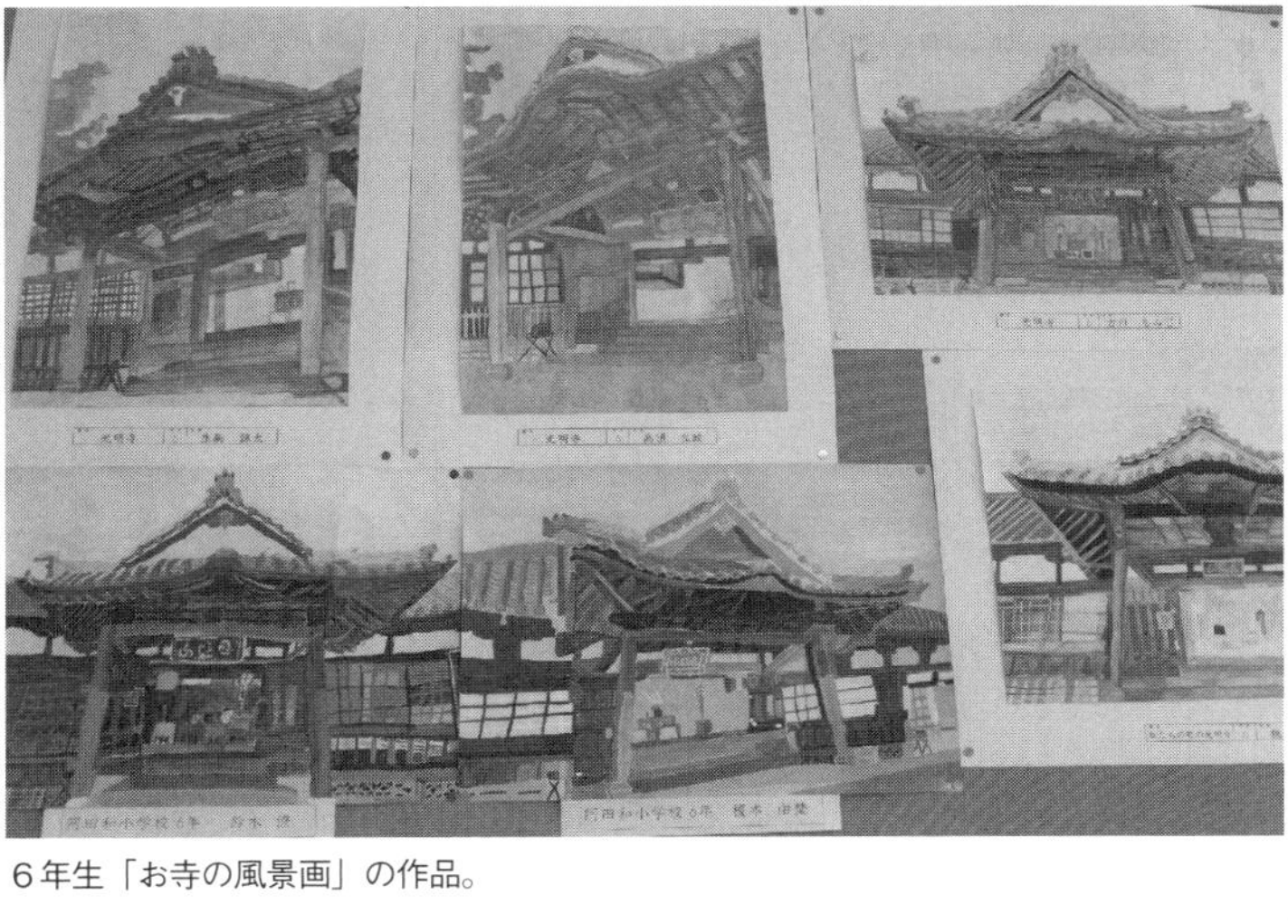

６年生「お寺の風景画」の作品。

阿田和小学校は旧漁村地域であり、かつては子どもたちの心の荒れと県下で最底辺の低学力に苦しんでいた。同校が学びの共同体の改革を導入したのは9年前である。隣接する熊野市の木本中学校と紀宝町の井田小学校をモデルとして改革が開始された。その成果は著しく、不登校はゼロ、昨年度（２０１６年度）はすべての教科で全国学力テストの平均を上回った。その成功を受けて、今では御浜町のすべての小中学校、全7校で学びの共同体の改革が推進されている。

阿田和小学校の改革を支援してきた武村俊志さん（元井田小学校長、学びの共同体研究会前事務局長）に同行しての訪問であったが、この1年間の進展は感動的であった。どの教室でも探究的な学びが展開され、教師たちは柔らかく、子どもたちは弾むように学んでいる。1年前の訪問の時と比べ、すべての教科の授業で前進が見られたが、なかでも著しい進歩が見られたのは美術の実践だった。初めて訪問した時は、教室の後ろに貼られている図画作品のあまりの幼稚さに愕然としたが、同じ学校とは思えないほどの変化である。どの教室の作品も素晴らしかったが、3年の教室の木版画の作品と6年の教室の寺院の風景画を紹介しよう。（前ページの写真参照）

3年の木版画は子どもたちにとっては最初の木版であり、この作品は彫刻刀の種類別の多様な技術を学ぶ目的で実践されたという。他方、6年の風景画は「細かな観察」とディテールの表現を追求した作品である。前年訪問した折に、学びの共同体におけるアートの学びの意義について講演し、「上手な作品」を追求するのではなく、「細やかさと丁寧さ」を追求することを奨めたのだが、その助言が見事に実を結んでいた。

アートの学びの意義

学びの共同体の改革においては、学校カリキュラムを「言語」「探究」「アート」「市民性」の四つの文化領域で認識し、子どもたちのバランスのとれた発達を追求している。この四つの文化領域の中で「アートの学び」は基底的な位置を占めている。「アート」とは芸術よりも広い「技法」を意味する概念であり、美術、音楽、文学、詩、演劇、舞踊、そして体育や技術家庭の内容を含み込んでいる。私は「アート」を「もう一つの真実、もう一つの世界、もう一つの現実、もう一つの他者、もう一つの私を認識し、それを表現する技法」と定義している。いわば「世界の秘密、私の秘密と出会い表現する技法」である。したがって、「アートの学び」は想像力の発達を促す学びであり、すべての学びと発達の根幹と言ってよい。

事実、これまで学びの共同体の改革において著しい成功を達成した学校は、ほぼ例外なく、アートの学びにおいて卓越した進歩を伴っていた。その経験から言っても、「アートの学び」は他のカリキュラム領域である「言語の学び」「探究の学び」「市民性の学び」と並列であると同時に、それらの根幹なのである。

通常の美術教育は乱暴に行われている。小学校ではクレパスと不透明水彩が使われているが、いずれも表現が最も困難な画材である。そもそも原色だけの表現は小学校の子どもたちには難しすぎる。むしろ淡い色彩によって色彩感覚を愉しむ方が好ましい。そもそも白い画用紙は白色という強さに負けまいとするから、淡い色彩や色合いの微妙な感じが創造しにくい。私は低学年では淡い色の紙を下地に使うことを奨めている。画材も色を混ぜるごとに汚い色になる不透明水彩よりも透明水彩の絵の具が初心者には好ましいし、クレパスよりもパステルやコンテ、木炭なども使わせたいし、水彩絵の具だけでなくアクリル絵の具や水墨、時には泥絵の具も使わせたい。

美術の実践においては、「アイデア」と「素材」と「技法」の三つが揃ったとき、質の高い学びが実現する。そして何よりも重要なことは「上手な絵」を求めないことである。私たちが「上手」「下手」と見ているものは、その子の「個性」なのである。その子の生活や経験の違いが「個性」として表現されているのである。しかし、どのような表現でもいいというわけではない。小学校の美術教育においては「細やかさと丁寧さ」を追求したい。そうすれば、どの子も美術の表現が大好きになる。

阿田和小学校の教室に展示されていた美術作品は、いずれもが「アイデア」「素材」「技法」の三つの要件を充たした指導の成果であり、「細やかさと丁寧さ」を追求した子どもたちの学びの成果であった。

アートの学びは子どもの知的・精神的発達に直結している。その効果には、いつも驚かされる。子どもたちの絵が幼稚な教室において、子どもたちの知的・精神的成長は望めないと言ってもよいだろう。なぜ、アートの学びが充実してくると、子どもたちの知的・精神的発達の著しい成果が得られるのか。その関係を理論的に説明するのは容易ではないが、事実としてアートの学びと知的・精神的発達との関係は決定的である。

阿田和小学校において、教室に掲示されている美術作品の顕著な発展は、通常の授業においては学びにおける探究の質の高まりと学び合う関係の発展をもたらしていた。

さらなる改革の進展へ

午後の公開研究会には、御浜町の教師たちのほか尾鷲市、熊野市、紀宝町からも教師たちが参加した。３年生「算数：三角形」の提案授業を行ったのは、中堅の南圭輝さんである。南さんは、この授業を行うにあたって「図形学習における概念形成―構成要素を言語化」することと「言葉を紡ぐ＝自分の言葉で紡ぐ」ことを子どもたちの学びの目標とした。「共有の課題」としては、折り紙を半分に折って折れた側の直角三角形をいろいろ切り取り、それを開くと、どれも二等辺三角形になることを説明させている。二等辺三角形であることの条件を自分の言葉で説明して概念形成をはかる学びである。

南さんの意図が十分に達成されていることは、どのグループの学びにも認められた。「ジャンプの学び」は、正五角形の頂点から対角線を2本引いてできる三角形が二等辺三角形になることを説明させる課題であった。子どもたちはものさしで測ったり、コンパスで確かめたり、二つ折りにして共有の課題と関連させて説明したり、グループ内でさまざまな学びを交流させていた。

私を含む参観者が学んだのは、子どもたちの探究の素晴らしさと学び合う言葉の素晴らしさだった。前述した「初めての彫刻刀」の木版画作品は、3年生とは思えない表現の質の高さを示していたが、この提案授業における子どもたちの探究的な学びは、子どもたちの知的・精神的発達の素晴らしさを表現していた。

教室に探究の共同体が生まれる学校においては、教師たちの学び合う専門家共同体も高い水準に達している。阿田和小学校も例外ではない。同席したスーパーバイザーの武村さんも指摘していたが、提案授業を受けて行われた授業協議会のグループ協議が秀逸なのである。同校では、授業協議会において「どの子どもが、どのような学びをしたかについて発言する」ことと「授業を参観して学んだことを発言する」ことをルールとしている。どの発言も、この二つのルールを遵守した発言であり、どの発言も子ども一人ひとりの学びの具体的な事実を克明に語り、それぞれの子どもの学びを他の子どもの学びと関係づけながら意味づけている。しかも、どのグループ協議も、一人ひとりの教師の発言が織物のように連なり、提案授業における子どもたちの学びの事実とその意味を参観の時には見えなかった関係の中で浮かび上がらせている。圧巻であった。こういう教師たちの学びの発展が、あの美術作品を生み出し、教師の子どもたちを探究の共同体へと育て上げたのだと実感する研究会となった。

阿田和小学校の脇の小川には、毎年訪れるカモ十数羽とシラサギとアオサギが旅立ちを準備している。近くの海岸ではウミガメがもうすぐ産卵に訪れるだろう。同校を後にして熊野駅に向かう車の中で、再び、この地域と学校の現在と未来に思いを馳せた。あのカモやシラサギやウミガメのように、阿田和小学校の子どもたちは、やがてこの紀南を離れて遠い地に巣立ってゆくだろう。しかし、渡り鳥のように必ず帰って、この紀南の地域の未来を切り拓いてほしい。その希望の中心に学校がある。

教室の事実から学ぶ
―東紀州の学校を訪ねて―

東紀州の学校

新学期が開始して1か月余りの2018年5月、三重県紀宝町井田小学校（前田幸利校長）と尾鷲市尾鷲中学校（中野拓也校長）を訪問した。かつて東紀州は漁業と林業で繁栄した地域であった。「一網2000万円」「一雨1000万円」と言われた時もある。しかし、数十年前から漁業も林業も壊滅状況を迎えている。わずか一艘残った遠洋漁船も今は気仙沼で水揚げしているという。

両校への訪問は、いつも学ぶことが多い。井田小学校は、かつては県内で最も学力の低い学校の一つであり、尾鷲中学校は41年前、校内暴力の発祥によって全国に知られた学校であり、その後も長らく最困難校であった。両校は13年前、学びの共同体を導入することによって「奇跡的」と呼べる改革を実現した。今では、井田小学校は著しい学力向上を達成しているし、尾鷲中学校は、県内で最も落ち着いた学校の一つへと変身している。今回の訪問もその秘密を探る貴重な機会となった。

井田小学校のすごさは、入学時には深刻な低学力の状況なのだが、6年間の教育によって著しい向上を達成していることにある。誰もが安心して学べる教室をつくり、聴き合う関係により一人も独りにせず、ジャンプの学びに挑戦して探究と協同による授業改革を推進してきた結果である。

この日、午前中、すべての教室を参観して、子どもたちがいっそう柔らかくなり、温かい関係でつながった学び合いがどの教室でも実現していることに感銘を受けた。同校の素晴らしさは、学力向上の結果よりも、むしろそれを生み出している子どもたちの学び合いと真摯に授業づくりを推進している教師たちの同僚性の素晴らしさにある。

その教室実践から学ぶことは多い。この日、提案授業（2年、ひき算の筆算）を行ったのは、教職2年目の馬場彩華さんだった。馬場さんは、繰り下がりの筆算の学びのデザインとして、〈共有の学び〉として①6□−14＝47、②4□−□3＝9、〈ジャンプの学び〉として□□0−9□＝4という課題をデザインしていた。筆算の探究のツールとしてタイルが使われ、2年生なので学びはすべてペア学習によって行われた。学びの課題のデザインも、授業の構成も秀逸である。

しかし、この授業は、馬場さんや私たちの予想を裏切る展開となった。馬場さんは、前時の授業で拓人（仮名、以下同様）が示したつまずき、50－27＝37を取り上げ、この計算はなぜ間違えているのかを考えさせるところから授業を開始した。子どものつまずきを積極的にとりあげて、皆で探究することはとても有効であり、当初のプランを修正して授業を開始したことは素敵だった。しかし、5分ほどで終わらせるこの導入は、子どもたちの間で難航して15分を費やす結果となった。そこからプラン通り〈共有の学び〉①の問題を提示してタイルを操作してペア学習で考えさせたのだが、多くのペアがつまずいてしまい、②の問題については、3分の2の子どもたちがお手上げ状態だった。こうして授業は、〈ジャンプの学び〉に入らないまま終えることとなった。

子どものつまずきから学ぶ

予想外の展開であっただけに、その後の授業協議会において学ぶことは多かった。たとえば、この子たちは、正解にいたった子どもを指名して前で発表させても、ほとんど聴いていなかったと指摘された。いくら正解を提示されても、彼らのつまずきには何の効果もなかったのである。そもそも、なぜ、子どもたちはペアで学び合いタイル操作を行いながら、つまずきに終始してしまったのか。教師たちは、どう教えれば子どもは理解できるのかについては熱心に研究するが、それ以上に重要なのは、子どものつまずきの事実から学ぶことである。

私がこの事実から学んだことは、この教室の子どもたちにとっては、半具体物で量を示すタイルが、その機能を発揮せず、タイルも数字同様、抽象的なものでしかなかったという事実である。数学は量と空間形式の科学であり、実在のモノの数（カズ）の量（半具体）を抽象した数（スウ）によって表現されている。数学（算数）が「わかる」ということは、計算の操作的意味と量的意味が結びつくことである。だからこそ、半具体物のタイルが必要なのだが、この教室の子どもたちにとっては、タイルも数（スウ）と同様、抽象物としてしか機能していなかった。同校の低学年の子どもたちの低学力の状況は、このようなつまずきとして表現されている。

彼らは、算数の問題に出会うと「どうする?・」「どうする?・」という思考に呪縛され、「どういうこと?・」（どういう量的な関係なのか?・）という思考が欠落していた。彼らは「どうする?・」「どうする?・」という枠の中で思考し、解法が見つからないと、過去の経験で成功したやり方で対処しようとする。この授業でつまずいた子どものほとんどが、その罠

尾鷲中学校の提案授業の風景。

に陥ってしまっていた。

私が考えた一つの解決策は、最初の「50−27＝37」のつまずきをとりあげたときに、10個入りのキャラメル5箱を準備して、この誤りを検討することである。それを最初に行っていれば、子どもたちはタイルを抽象物ではなく半具体の量的イメージを伴って操作し、計算の操作的意味と量的意味のつながりで繰り下がりの筆算の意味を理解しただろう。馬場さんの提案授業における教室の事実は、算数教育の本質へと私たちを導いてくれた。

それにしても井田小学校の子どもたちの6年間の知的発達は素晴らしい。この日参観した6年生の教室では、岩本拓志さんの「平城京の人々と暮らし」の授業が行われていた。岩本さんは平城京の予想図を提示したのち、正倉院宝物である「長屋親王宮鮑大贄十編」の木簡6枚を原文のままプリントで提示し、グループ学習による解読に挑戦させていた。古代史の専門家でない限り大人でも解読が難しい木簡の原文であるが、子どもたちは30分間夢中で漢和辞典と関連図書を活用して探究し合い、驚くことに、ほぼ完璧とも言える解読を達成した。あの2年生が6年生になると、ここまで知的に発達しているのである。

困難な生徒たちへの対応

翌日、訪問した尾鷲中学校の教室の事実から学んだことも多い。この年度、尾鷲中学校に入学してきた1年生は、近年稀に見るほど困難な生徒たちだった。この生徒たちの荒れの様子は前年、小学校から伝わっていた。この問題が最も気がかりだったので、学校に到着すると、まず1年の4教室を細かく参観した。

確かに困難な生徒たちである。しかし、詳細に観察してみると、小学校で何年も荒れを経験し何人もの教師を病院や退職に追い込んだというのに、どの生徒も排除されていない。とげとげしい言葉もとびかうが、そして低学力は深刻だが、どの生徒も独りになっておらず深いところでつながっている。となると、あとは生徒の問題ではなく、教師の授業の問題である。特に注意しなければならないのは、教師たちは荒れた生徒を前にすると権威的になる傾向があり、授業が雑になる傾向がある。そのため荒れが助長され、悪循環に陥ってしまう。最も必要なことは、荒れた生徒たちの沈黙の声に耳をすますことであり、彼らをまるごと引き受け、彼らの尊厳を尊重し、通常以上に丁寧な授業を行うことである。

午後、その荒れの厳しい1年4組で提案授業を行ったのは教職3年目の森美保子さんであった。教科は国語、テクストは「オオカミの友だち」である。「一人でいるのがいちばん気楽でいい」といつも思い「うまい獲物」を探しているオオカミが、何でも食べると噂されるクマから「一緒に獲物を探さないか」と声をかけられ、一緒に獲物探しに出かける。クマに食われてしまうのではないかとおびえながらの旅である。その途上で、クマが蜂の巣をとって渡してくれた後、片手を後ろに隠して追いかけてくる。棒でも隠しているのかとおびえたオオカミは必死で逃げ、崖から落ちそうになる。しかし、クマは太い腕でオオカミを助けてくれた。クマは河原にオオカミを連れてゆき、一緒に協力して魚をとって共に食べる。そこでオオカミは、さっき片手を後ろにまわしていたのはなぜかと問うと、蜂にお尻をさされて恥ずかしかったと言う。オオカミは笑い出してしまう。その後もオオカミは「一人がいちばん気楽でいい」と思っているが、クマのことを思い出すと「ククッて笑って、二人で食べた魚の味が懐かしくなる」のである。

　森さんは、椅子一つに座って授業を開始した。まずグループ学習でテクストの音読を10分間行い、感想を求めた。最初に発言したのは美沙だった。この教室には1年生の中で最も困難を抱えている二人の女の子がいる。美沙と有希である。午前中の参観の時、私は、美沙と有希を見て、絶えず発する言葉以上に身体が悲鳴を上げているのに衝撃を受けていた。その美沙が率先して学びに参加していた。森さんは、美沙の発言を受けて、オオカミがクマと協力して魚をとったのは初めてであったことをとりあげ、その箇所の音読を含めて3度読みにもどし、さらにグループの学びにも3回もどして、生徒たちの多様な読みに耳を傾けて読みを深めていった。そこで活躍したのは有希だった。有希は「オオカミはクマと一緒に魚をとって初めて心を開いた」と発言した。この発言によって一挙に読みが広がり深まったのである。さらに有希は授業の振り返りには「私もクマに出会いたかった」と記していた。

　森さんにとって美沙と有希は最も「苦手」な生徒たちだったという。その二人によって、この授業のドラマが成立したのである。こういうところに文学の力があるし、授業の力がある。この授業は「困難な学年」への対応の最上の道しるべになったのである。

高校における授業改革の希望
―長崎県西彼杵高等学校―

高校改革の難しさ

学びの共同体の授業改革と学校づくりにおいて、高校の改革は小学校、中学校以上に難しい。高校改革の必要性は、小学校、中学校以上に逼迫しているにもかかわらずである。数々の調査結果を見ると、日本の高校の授業は世界で最も遅れており、今なお一斉授業が支配的である。その結果、高校生の学習意欲（校外の学習時間）は世界一低く、近年は「底辺校」のみならず、「進学校」において授業崩壊がより深刻に進行している。

教師の問題も深刻である。高校教師の教育水準はどの国においても修士修了者あるいは博士修了者になっているにもかかわらず、日本では未だに専修免許状取得者は10％台である。高校教師の研修の機会も少なく、ほとんどの学校で授業研究による校内研修は行われていない。この危機認識は文部科学省においても共有されており、アクティブ・ラーニングによる授業改革が新しい学習指導要領において提示され、各都道府県教育委員会は授業改革を最優先の政策課題としている。しかし、この改革が全国5千の高校の各教室に浸透することは容易ではないだろう。

なぜ、高校改革は小学校、中学校以上に困難なのだろうか。高校という学校段階の特性が原因ではない。欧米諸国において学校改革は、通常、高校から中学校、小学校へと進展しているし、学びの共同体の改革においても、日本と中国は例外で、韓国、インドネシア、タイなどの諸国では、小学校以上に高校において改革が進んでいる。高校改革の難しさは、日本特有の要因が大きいと言わざるをえない。

高校は義務教育段階ではないので、文部科学省は学習指導要領の作成には責任を負ってきたものの、授業の改革や教師の研修については都道府県教育委員会の権限に任せてきた。しかし、都道府県教育委員会は、１９７０年代までは急増する進学者への対応に追われ、それ以後は入試改革に翻弄され、近年は入学者確保のための各校の「目玉商品」開発競争に追われて、授業の改革と教師の研修は二の次にされてきた。高校の教室の改革と教師の研修は、どこからも支援されることなく、放置されてきたのである。

その70年のツケが教室における授業と学びの崩壊となって現れている。その日常的現実は、教師たちと生徒たちのモラールの低下も引き起こしてきた。医療の不十分さを患者の責任にする医師はいないが、多くの高校教師は授業と学びの崩壊を生徒の責任と感じている。生徒たちも同様である。多くの生徒たちは授業に絶望しながら、「学びからの逃走」（退学、突っ伏し、内職、スマホ、おしゃべり）あるいは「学びの偽装」（ノートの筆写だけ、最近はこちらが多い）によって無為な教室生活を過ごしている。この現実をどこから変えていけばいいのだろうか。

高校の改革を実現するためには、二つの大きな桎梏を打開しなければならない。一つは、教師たちの「no pedagogy」（教育学的思考の欠落）を克服することである。高校教師の専門性は「教科の専門性」に閉じ込められており、「教育の専門家」としての使命感と能力を欠いている。もう一つは校内における同僚性の欠落である。多くの高校教師は「唯我独尊」の職業生活が日常化しており、都道府県教育委員会が改革を提起しても、校長が改革を提起しても、職員会議で改革を決定しても応じようとしない。（このような現象は企業でも行政でも大学でも小中学校でも見られない特異な現象である。）高校教師の職域は「聖域化」され「私事化」されていると言っても過言ではない。この現実を打開するためには、ヴィジョンを明確化した改革を推進し、校内に同僚性に支えられた専門家共同体を建設する以外に方途はない。

学びの共同体の改革においても、率直に言って、この二つの桎梏に十分に対応してきたとは言い難い。学びの共同体の改革に参加する高校教師たちは少なくはないが、そのほとんどが個人もしくは校内の少数派として改革を実践している。学校ぐるみの挑戦を行ってきた高校もいくつも存在するが、その継続は難しく、多くが少数の教師による改革から全体へと拡大する方略で行われてきた。しかし、学びの共同体の改革は、一部から全体へ拡大する方略で実現できるほど簡単な改革ではない。この難しさをどう乗り越えればいいのだろうか。

西彼杵高校が示した希望

２０１８年６月15日、長崎県の隠れキリシタンの里（遠藤周作「沈黙」の舞台）の学校、西彼杵《そのぎ》高校（城美博校長）の公開研究会に参加した。翌日「学びの共同体高校全国大会」が長崎大学で開催されることもあって、長崎県を中心に２００名近い高校教師が参加した。同校への訪問は３度目である。

西彼杵高校における学びの共同体の改革は、前校長の福田鉄雄さんが校長として着任した２０１４年度に準備され、２０１５年度から開始された。同校は入学者が定員の７割程

西彼杵高校の授業風景。

度であり、さまざまな困難を抱えた生徒たちが多く、特に授業においては学びの意志も希望も失った生徒たちが多数突っ伏している状況だった。「学びの共同体しかない」と決断した福田校長は、学校全体の取り組みにするため、まず校長と教頭と各教科代表で組織した「学校改革プロジェクト委員会」を立ち上げて「一斉授業から協同学習へ」の方針を決定し、全教師が授業公開を行って授業協議会に参加できる「カリキュラム改革」を実施。草川剛人（帝京大学前教授）、永島孝嗣（麻布教育研究所）、姜尚中（政治学者）、そして私を講師として招聘し、全職員による授業改革を推進した。

改革による授業の変化と生徒の変容は著しかった。全教室、全授業において教室はコの字型もしくは男女混合4人グループの配置となり、協同的学びによる授業改革が実施された。生徒たちの変容は劇的であった。教室の変化と授業の改革によって、どの授業においても突っ伏している生徒は皆無となり、生徒相互の助け合いと学び合いによって、一人残らず学びに専念する姿が教室に実現した。2年目からはどの生徒も「ジャンプの課題」に夢中になるようになり、前年の公開研究会で前川卓郎さんが3年の教室で行った英語「スティーブ・ジョブズ・スピーチ」（リスニングと暗唱）の授業は、生徒たちの学びのレベルの驚異的な高さで参観者たちを圧倒した。

２０１６年度は、同校の創立70周年の年であった。戦前からこの地域における中等学校の創設は悲願であったが、ある医師志望の少年が長崎市の中学校在学中に原爆で死亡。その母親が地域の人々とともに創設運動を起こして戦後直後の１９４６年に旧制中学としては最後の学校として同校は創設された（次年度から新制高校に移行）。その創設のドラマを生徒たちは劇化して記念式典で上演。その熱演は長崎テレビでも特集として放映された。この放映を含み、改革の2年間で、同校の学びの共同体の改革は、新聞で20回、テレビで8回報道されている。最も象徴的な出来事は、卒業した生徒たちによる「学びから希望へ」の高らかな宣言だろう。この宣言は正門横の石碑に見ることができる。

高校改革の希望

公開研究会の翌日、全国から約150名の教師たちが長崎大学に集って「学びの共同体高校全国大会」が開催された。この全国大会においても西彼杵高校の改革は、報告と討議の中心の一つであった。その報告を目頭が熱くなるほどの感動で聴きながら、私は、あの高校生たちが直面している現実に思いを馳せずにはいられなかった。これほどの改革を達成しても、同校の大学進学率は国公立大学5%、私立大学4%であり、改革前と変化していない。その要因は生徒たちの家庭の貧困にある。ほとんどの生徒が家庭の経済状況を少しでも助けたいと願って進学を断念するか、あるいは貧困な家庭から脱け出し自立したいと願って、進学を断念している。その重い現実に生徒たちも教師たちも日々向き合っている。

同校の教師たちの専門家としての成長は素晴らしく、特に若手と中堅の教師たちの成長は著しい。同校の影響により近隣の平戸高校でも改革が開始され、教師たちのネットワークも実現している。しかし、同校の教師たちは新しい現実に直面して、さらなる成長を求められている。同校の入学者は、改革の成功がマスコミなどで話題になったこともあって、例年よりかなり増加したが、その多くは学力や情緒や家庭背景において、これまで以上に困難を抱えた生徒たちである。この年度の入学者には中学校の評点平均値が1点台の生徒たちが2桁いるという。学力差の大きい新入生を迎え、教師たちはさらなる授業改革に腐心している。「学びから希望へ」という同校の掲げる標語は、年ごとに真価を発揮するとともに、その真価を問われている。

西彼杵高校の改革を支えたものとして、同校の教師たちの同僚性の素晴らしさと同時に、福田鉄雄さんと城美博さんという二代にわたる校長のリーダーシップの素晴らしさについても言及しておきたい。改革を始動した福田さんは、同校の校長に着任する10年前から学びの共同体の改革への希望を持ち続けていた。その長年にわたる熱い意志と情熱が同校において開花したのである。さらに、この改革を引き継いだ城校長の見識の高さとリーダーシップにも感謝せずにはいられない。

福田前校長も城現校長も国語教師である。お二人の郷土の歴史と文学に対する造詣の深さには、いつも驚かされる。研究会の合間や送迎の車中でお二人と交わす会話において、長崎県の歴史と文学に関する事柄をどれほど学んだか、計り知れない。その郷土愛と教養の深さが同校の改革の礎の一つになっていると思う。高校教師は、それぞれの地域における文化人であり知識人である。そのことも高校改革の成否を決定する隠れた要件の一つと言ってよいだろう。

「第4次産業革命」とアクティブ・ラーニング
―セミナー・イン浜之郷における講演―

研修の季節

２０１８年7月21日と22日、学びの共同体の改革を創発して21年目を迎える茅ヶ崎市浜之郷小学校において、「第18回授業づくり・学校づくりセミナー・イン浜之郷」が開催された。参加者は、中国湖南省の教師、北京師範大学からの参加者を含めて約１００人。このセミナーは、少人数で濃密な研修が行えるのが魅力である。今年の実践報告は、浜之郷小学校から堀宏輔さんの「子どもとつくるアートの教育」（2年）、柴田晶子さんの「聴き合う関わりから生まれる学びをめざして」（4年）、西宮市甲東小学校の近藤洋子さんによる「探究的な学びの創造（算数と社会科）」（4年、5年、6年）、茅ヶ崎市鶴嶺小学校の大坪督さんによる「コミュニケーション能力の素地を育む外国語活動」（5年）であった。

セミナー・イン浜之郷の風景。

どの報告も、細やかな子どもの観察を実現する教師のまなざしと創造的な探究(表現)活動を実現する子どもたちの関わりを映像記録によって提示する秀逸な報告であり、一日終わるごとに参観者は「頭がパンパン」と笑いながら帰路につく充実した研修の機会となった。

第18回を迎えるセミナー・イン浜之郷であるが、毎回、東京大学の秋田喜代美さん(現在、学習院大学)と埼玉大学の庄司康生さんと私が講師をつとめてきた。毎年、庄司さんは教室における教師と子どもの「言葉と身体」のメッセージを読み解くレクチャーを行い、秋田さんは授業研究における教師の学びを中心とする講話を行ってきた。それに加えて私は、この数年は「協同的で探究的な学び」の成立要件についての講演を行っている。

今年度の私の講演は「第4次産業革命とアクティブ・ラーニング」をテーマとして行った。今、進展している「主体的・対話的で深い学び」の社会的背景とその必要性および激変する社会における公教育の危機について、今どうしても教師たちが認識しておく必要を痛感しているからである。

アクティブ・ラーニングの第一義的な重要性は、資本とテクノロジーが暴走する社会変化の中で一人残らず子どもたちを学びの主権者に育て、民主的な社会の担い手として育てることにある。どの学校においても、アクティブ・ラーニングが導入されて授業と学びの改革が進展しているが、教師たちのほとんどは、その社会的背景と必要性の根拠を認識しているとは思えないからである。その結果、アクティブ・ラーニングは、授業の方法や学びの方式の改革に限定され矮小化されていると思う。

「第4次産業革命」における教育の変化

「第4次産業革命」という言葉は、2016年のダボス会議において提示された概念だが、それに先行して2011年のドイツの「Industry 4.0」から急展開で世界経済を激変させている。「第4次産業革命」は、蒸気機関と水力による紡績を中心とする第1次産業革命（18世紀から19世紀）、電力と大工場生産システムと重化学工業による第2次産業革命（20世紀前半）、IT技術による第3次産業革命（20世紀末から21世紀初頭）に次ぐ産業革命であり、AI（人工知能）とロボットによる自動生産（ICT技術）と、モノがすべてインターネットでつながりビッグ・データが集積される「IoT技術」およびその結合によって生じている産業革命である。

その現象はすでに身近に起こっている。今やお金の引き落としや振り込み、モノの購入、切符の購入、タクシーやホテルの予約はスマホひとつで行えるし、近い将来、自動車は自動運転、モノの配達はドローン、モノの生産は3DプリンターとAIとロボットで自動化される。言語を異にする人々のコミュニケーションも精度の高い自動翻訳機で数年後には行われるようになるし、人々の欲求や好みも個人情報とインターネットの履歴のビッグ・データで集積されており、そのデータは年々指数関数的なスピードで累積されている。（「第4次産業革命」の進行については経済産業省のサイトで概要が示されている。）

「第4次産業革命」によって労働市場は激変している。今の子どもが大人になる15年先には、現在の仕事の少なくとも40％（49％という推定もある）はAIとロボットに代替される。この変化によって、社会から単純労働がなくなるだけでなく、単純労働はロボットとの競争によっていっそう低賃金化する。さらに中間管理職の仕事もＩＣＴとＩｏＴによって激減する。さらに15年先の仕事の60％は今ない仕事、より知的に高度の仕事になると想定されている。

この激しい産業構造の変化に学校教育は耐えうるだろうか。教師の仕事はＡＩやロボットの代替が難しい仕事であり、「第４次産業革命」の影響は受けにくい職種である。しかし、子どもの方はどうか。最も危機的な事態を想定すれば、教室の３分の１以上の子どもが将来、まっとうな仕事につけず、包摂か排除か（inclusion or exclusion）という社会において動物以下の暮らしに追い込まれる危険がある。一斉授業（１４０年前に世界各国で成立したシステム）の教室で学んでいる子どもたちは、そのリスクがきわめて高い。この新しい産業革命の時代に対応した学びが「探究」と「協同」を原理とする「アクティブ・ラーニング」なのである。

しかし、数々の国際調査の結果を見ると、日本の授業と学びの改革は約25年も後れをとってきた。今や先進諸国において「一斉授業」は博物館に入っているが、日本では多くの小中学校、ほとんどの高校の教室が「一斉授業」の枠から脱け出していない。国際調査（ＰＩＳＡ２００３）では、「探究」において日本の授業は40か国中40位、「協同」（グループ学習）において40か国中39位という状況であった。その結果、現在19歳から29歳の若者の失業率は13％に達し、87％の就労者のうち44％は非正規雇用（正規雇用の賃金の3分の1）である。高卒時と大卒時の就職率は高いが、高卒の場合3年以内、大卒でも5年以内に約半数が離職している。この現実の中で「第4次産業革命」が急速に進展している。授業と学びの改革を達成しない限り、子どもと若者の将来はない。

資本とテクノロジーの暴走

「第4次産業革命」と新自由主義の政策において、教育市場は膨張し教育産業の標的になっている。教育の市場規模はどの国においても10年間で倍増し、ICTによる教育市場は5年間で倍増している。この状況を背景にして、教育の企業化がグローバリゼーションを背景にして加速している。

たとえば、スウェーデンの学校はすでに二割近くがジョン・バウアーなどの総合企業に委託されて経営されている。アメリカの19州のチャータースクールはエジソン・グループという教育産業によって買収され、30万人以上の子どもたちがエジソン・グループの経営する学校で学んでいる。それら教育産業に買収された学校では、子ども一人ひとりの個人の振る舞いから算数のつまずきや解法についての詳細なビッグ・データを活用してコンピュータによる個人指導が行われ、教師の大幅な解雇による人件費削減によって莫大な利益をあげている。

世界最大規模の教育産業のピアソンは教育のソフトとハードの商品化を推進し、学力テスト、デジタル教科書、教師の研修、カリキュラム、ICT教育、eラーニングなどのサービスの販売において、アメリカ、イギリス、アフリカ諸国、中南米諸国に進出し、インドにおいては2万3千校を傘下において巨額の収益をあげている。(OECDのPISA調査も2015年からピアソンに委託されている。)よそ事ではない。学びの共同体も教育産業の戦略の俎上にのっている。この講演の10日前、グーグルとアマゾンが双方のもっているビッグ・データとIoT技術によって、「学びの共同体」の授業改革と教師の研修を世界戦略として展開する事業を準備していると連絡を受けた。もちろん正式の依頼が届けば断るつもりだが、今や、教育は「第4次産業革命」において巨大マーケットになっている。

巨大な教育産業によるマーケティングにおいて重要なことは、旧態依然とした一斉授業を行っている学校、低学力層が多い学校、経済的に貧しい地域の学校が標的となり餌食となっていることである。貧困層から収奪する現在の資本主義の病理がここにも現れている。

日本においては、文部科学省が教育産業の侵入を阻んできたこともあって、これまで世界各国で進行するほどには教育産業による公教育の買収は猛威をふるってはこなかった。しかし、「第４次産業革命」に対応した政府の「Society 5.0」によって、そのブロックは崩れつつある。経産省の戦略にのらない限り、今や財政削減にあえぐ文科省が財源を獲得する道はないところに追い込まれている。その結果、すでに多くの大学と小中高校が評価テストとプログラミング学習と英語教育において「Society 5.0」につながるＩＣＴ技術の導入を推進し、その傾向は一挙に拡大する兆しを見せている。

新自由主義の教育政策のもとでグローバルに展開する資本とテクノロジーの暴走を前にして、私たちにできることは何だろうか。ほとんど絶望的な思いにかられてしまうが、子どもたちや親たちを教育産業による収奪の餌食にしないためにも、そして公教育を擁護し、教育を市民の手にとりもどすためにも、学びの共同体の改革のネットワークをいっそう拡大し、対話的で深い学びを教室に実現して、教育の公共性と民主主義を擁護する改革を推進しなければならない。この改革を持続し発展させること以外に、子どもたちの現在から将来にわたる幸福の実現はないのである。

小学校1年の学級づくり

一人も独りにしない教室づくり

夏は研修の季節である。今年（2018年）も連日、各地の教育委員会と学校を訪問し、多くのことを学び合ってきた。その一つ、大阪府茨木市豊川中学校区の研修会で提示された郡山小学校1年の算数「あわせていくつ　ふえるといくつ　のこりはいくつ　ちがいはいくつ」の授業（高橋真由美指導）は、1年生の授業のあり方を探るうえで学ぶところの多い授業だった。

小学校低学年、特に1年生の授業はどの学校段階、学年段階と比べても、最も難しい。私自身、学びの共同体の改革を創始したのは約30年前であるが、小学校低学年の授業のあり方と実践の方法を見出すには10年近くを要した。低学年の授業が困難な要因はいくつも

ペアで学び合う郡山小学校１年の子どもたち。

ある。第一の難しさは、小学校の低学年ではグループ学習が使えないことにある。これまで33か国７００校を超える学校を訪問してきたが、どの国においても小学校1、2年生でグループ学習を行っている学校はなかった。発達段階において無理なのである。どの国のどの学校においても、1、2年生は教室全体の学び合いとペア学習で授業が組織されていた。

第二の難しさは、教科書の内容が易しすぎることにある。内容レベルが低いので、授業開始後10分で、ほとんどの子どもが学びを終えている。そのため、残りの30分は、言いたい、言いたいという子どもの発言でうるさくなるか、あるいは、手遊びやおしゃべりが頻発し教師は注意ばかりして子どもは嫌になってしまう。第三の難しさは、近年その傾向が強まっているが、1年生には多種多様な障碍や情緒不安を抱えた子どもが少なくない。彼らへの対応を一つまちがえると、収拾のつかない教室になってしまう。

学びの共同体の学校では、教師のテンションをおさえて最小限の言葉で静かな教室環境を準備し、教師も椅子に座って「べっちょり型」と呼ぶ密着したコの字型の机の配置による全体の学び合いと、男女2人一組のペアによる学び合いによって授業を組織し、ジャンプの学びの導入により、45分間どの子も夢中になって学び合う授業を創造している。欧米の学校では、通常、教室の前に絨毯をしいて、教師も座って円座のかたちで全体の学び合いを行い、机にもどしてペア学習を行っている。しかし、日本では絨毯の上の円座による学び合いは難しい。欧米の教室では子どもの数が通常15名以下であるのに対して、日本では25名から35名が一般的だからである。

学びの共同体の教室では、誰も独りにしない安心して学べる関係づくりを前提としているが、このことは低学年ではいっそう重要である。低学年の子どもは「一人で考える（学ぶ）こと」は不可能である。低学年の段階では、外言（コミュニケーションの道具としての言語）はかなり発達していても、内言（思考の道具としての言語）の発達が不十分だからである。したがって、低学年段階では、教室に「聴き合う関係」をつくり、可能な限り

「対話」の経験を豊富に組織しなければならない。ペアによる対話の機会が十分に保障されなければ、子どもたちは思考と探究の能力を発達させることはできないのである。

学びのデザインとペアによる学び合い

茨木市豊川中学校区は同和地区を擁し、30年以上も前から豊川中学校、豊川小学校、郡山小学校の3校が合同して授業改革による人権教育を推進してきた。学びの共同体の改革が導入されたのは13年前。一人も独りにしない、一人も差別しない、一人も排除しない教室づくりと子どもたちを学びの主人公にする授業づくりが推進されてきた。郡山小学校は、当時は7割以上が要保護か準要保護という経済的に貧困な子どもたちが大多数を占める学校であり、外国籍か外国籍につながる子どもたちが3割近くに達する学校であった。現在は校区に分譲住宅が開発されたため、経済状況はかなり改善されたが、今でも多くの子どもたちはたくさんの苦難をランドセルに詰め込んで通ってくる子どもたちである。（なお同校の学びの共同体の改革は8年ほど前、劇的に進展して「奇跡的」な学力向上を達成し、NHKのニュースセンターで特集され、朝日新聞でも1ページ全面を使って報道された。）

高橋真由美先生は産休明けで郡山小学校にもどってきた。そして4月、新しく担任する

33名の1年生を迎えたが、例年にまして落ち着かない子どもたちを見て身を引き締めたという。この日、高橋さんが提供したビデオ映像は入学後3か月の7月の授業。猛暑日で、しかもエアコンが故障していて、子どもたちは汗をぼたぼたノートに垂らしながら学びに参加していた。どの子のノートの鉛筆の文字も汗で滲んでいる。

この授業は加法と減法のまとめの単元の1時間目、絵を見て数式の問題づくりを行う課題である。

提示された絵には、スイレンの葉っぱの上に緑のカエルが4匹、黄色のカエルが3匹、そして池で泳いでいる緑のカエルが3匹描かれている。教科書では、この絵に「7－3＝4」という数式が書かれていて、この式をお話にすることが求められていた。高橋さんは、これでは簡単すぎるので、数式を消した絵を子どもたちに配布し、絵から多様な数量関係を発見してお話と数式で表現することを〈共有の課題〉として設定し、〈ジャンプの課題〉として「10－7＝3」という数式を提示し、この数式が表すお話を絵の中で発見してお話で表現する学びを組織した。そのうえで高橋さんは、自らの挑戦として「ペアで考える時間を長くすること」と「多様な考えを承認する声かけを行うこと」の二つを設定した。

提示されたビデオ映像は研修会の参加者たちに深い感銘を与えた。1年生の入学後3か月にもかかわらず、どの子も自然体でありながら背筋は伸びており、聴き合う関係が見事に成立している。この聴き合う関係によって、一人ひとりが学びの主人公になり、猛暑の教室で45分間、どの子も学びに夢中になって取り組んでいる。何よりも、それぞれの子どもの表情が愛らしく、学びへの真摯な姿勢、小さなつぶやきの連鎖と歓びの笑顔が素晴らしい。

その秘密の一つは、ペアによるつながりと学び合いの深まりにある。私が魅了されたのは、このペアのつながりである。この教室の子どもたちは、ペア学習のときにペアのつながりをつくるのではなく、どの瞬間も二人がペアでつながっている。教師の言葉を聴くときも、教室の仲間の意見を聴くときも、一人で活動するときも、絶えずペアと心でつながっているのである。このペアの深いつながりによって、この教室には特別支援教室の美沙(仮名、以下同様)や、自己主張が強く友達と喧嘩をくりかえしてきた亮介や、情緒の安定しない和人や低学力の美咲や達夫や優斗など、多くの困難を抱えた子どもが存在するのだが、どの子も安心して学びに参加し、その喜びを全身で表現している。高橋さん自身もこのビデオで再発見したのだが、このペアのつながりは、言葉で表現される以上に、身振りで表現され、身振りでコミュニケーションがとられていた。たとえば、不安な子とペアで発表するときは手をとり合っているし、学びにつまずいたペアにはそっと背中に手があてられている。

授業事例から学ぶもの

小学校1年生の授業は、小中高校のどの学年段階の授業よりも難しく、そしてどの学年段階の授業よりも重要である。その1年生の教室づくりと授業づくりの理想的とも呼べるモデルの一つを高橋さんの授業ビデオは提示していた。この教室における対話的で深い学びを支えている要件は三つある。

第一は、一人も独りにしない聴き合う関係であり、どの瞬間もつながり合っているペアの学び合う関係である。学びは一人では成立しない。特に低学年の子どもは、先述したとおり、思考の言語（内言）が未発達なため、ペアとの対話を通してでしか思考と探究は起こらない。入学時には、まるでポップコーンのように弾けて飛び散ってしまう落ち着かない子どもたちが、わずか3か月で、このような対話的で深い学びを実現する教室へと変貌した。その秘密は、しっとりとした静かで温かくつながり合う〈場〉（「べっちょり型」の机の配置）と〈関係〉（聴き合う関係）と〈環境〉（静かな教室）をペア学習を中心に高橋さんが創り出したところにある。

第二は、学びのデザインの秀逸さである。教科書通りの授業（「7－3＝4」を絵で発見）

では、簡単すぎて子どもは退屈してしまい、数学的思考も限定的であったに違いない。高橋さんの授業においては、「7－3＝4」を消した絵を配布し、〈共有の学び〉において絵の中の多様な数量関係を「お話と数式」で表現する活動（具体から抽象へ、帰納的推論）を行い、〈ジャンプの学び〉として「10－7＝3」という数式を与えて、この数式の数量関係を絵から発見させて多様な「お話」にする活動（抽象から具象へ、演繹的推論）の二つで学びがデザインされた。しかも〈共有の学び〉は17分、〈ジャンプの学び〉には28分の時間が充てられた。ジャンプの課題が提示されたときは、「ええっ、わからない」と子どもたちは困惑と喜びを満面の笑みで表現している。子どもたちはジャンプが大好きなのである。このジャンプの学びによって〈真正の学び〉が実現している。

第三は、高橋さんの子どもたちへの関わりの素晴らしさである。私にとって印象深かったのは、高橋さんが必要最小限の言葉で、たんたんと授業を行っていたことである。子どもを褒める言葉は一言もない。たんたんとしていて邪魔をしていない。だからこそ、子どもたちが学びの主人公になって夢中になって学べたと思う。優れた教師は、言葉以上にまなざしで学びを組織している。その典型の一つがここにある。

英語の授業における真正の学び

津市における学びの共同体

２０１８年度２学期早々の９月、三重県津市の朝陽中学校（山本成之校長）、一身田中学校（横山徳宏校長）、みさとの丘学園（義務教育学校・鈴木智巳校長）を訪問した。津市は、現在、学びの共同体が最も活発に展開されている地域の一つである。改革のうねりの発端は、長年にわたって「困難校」とされてきたいくつかの中学校において「奇跡的」ともいえる改革が実現したことにある。現在、「困難校」とされてきた小中学校（朝陽中学校、一身田中学校を含む５校）すべてに学びの共同体が導入され、どの学校でも「荒れ」は皆無となり、どの子も夢中になって学びに参加し、学力の飛躍的向上を達成している。その事実がバネとなって、市全体にわたる改革のうねりが生み出されたのである。

みさとの丘学園の英語の授業風景。

朝陽中学校は改革5年目を迎え、生徒たちにも教師たちにも学びの共同体は学校文化として定着していた。他方、一身田中学校とみさとの丘学園は改革2年目の学校であるが、どちらの学校も子どもの変化は著しく、質の高い探究を求めて学び合う子どもたちの姿はまばゆいほどだった。

初めて訪問したみさとの丘学園は、三つの小学校と一つの中学校が統合して創設された全校児童生徒数185人の義務教育学校である。創設当初から石井順治さんと松本彰さんをスーパーバイザーとして招いて、学びの共同体の改革に挑戦してきた。わずか1年半の取り組みだが、その成果はどの教室でも顕著だった。誰も独りになっていないし、どの子も真摯に学びに没頭していた。この日の提案授業は小学2年の算数（奥谷静指導）と中学1年の英語（松本亜紀・角谷美幸・Ann Yandel 指導）の二つであり、特に英語の授業は新しい試みとして印象深かった。

この英語の授業では、グループごとに特定の教科内容を四つのヒントでクイズとして構成する〈ジャンプの学び〉が組織された。たとえば「数学」のグループでは「自然数」、「社会」のグループでは「奈良の大仏」、「理科」のグループでは「光合成」、「音楽」のグループでは「ヴィヴァルディの四季（春）」を解答とするクイズを、四つのヒントの英文で作成する学びである。この英語の授業が印象深かったのは、近年、ヨーロッパ諸国の英語教育で活発に実践されている教科と英語学習を結びつけたCLIL（Content and Language Integrated Learning 内容言語統合型学習）に通じる実践だったからである。

混迷する英語教育

学びの共同体の授業改革において、最も困難な教科が英語である。なぜ、英語の授業の改革が困難なのか。その理由は三つある。第一の困難は、英語の教科書に内容がないことにある。どの教科書の題材も内容がうすくてつまらなく、探究と協同の学びは実現しようがない。第二の困難は、教科書のレベルが低すぎることにある。学習指導要領で規定された中学校と高校の英語におけるボキャブラリーは３９００語と定められ、私が中学、高校の時の８０００語と比べて半減している。（ちなみに中国では９０００語、韓国では８０００語であり、それらの国と比べても半分でしかない。）大学入試のレベルは私の時代と変化しておらず、今でも８０００語のレベルが求められ、大学の教養英語は１万２０００語レベルなので、教科書だけではとうてい追いつかないレベルなのである。ちなみに英語圏で市民生活に必要なレベルは3万語から4万語、企業や学界など特定分野で活躍するためには固有名詞を含めて5万語から7万語が必要である。

つまり、「グローバル人材育成」を学校教育で目標にすることは、よほど英語について無知な人が考えることで、とうてい不可能な目標である。英語の学びをなめてはいけない。英語を駆使して仕事を行っている人々は、どこかで死にもの狂いの学びを行った人々である。学校で、そこまでの英語教育を行うことは不可能であり不適切である。学校において必要な英語教育は、言葉のセンスを磨くこと、英語文化に興味をもつこと、そして英語の学びを好きになることだろう。

英語の授業改革の第三の困難は、教科書の英語表現のおかしさにある。どの英語教科書の文章も、文法的にはまちがっていないが、変な英語ばかりである。音程の外れた音楽を聴いているようなおかしさなのである。したがって、英語の教科書をまじめに学べば学ぶほど、「真正の英語」から外れてしまう結果となる。

この三つの困難に加え、英語教科書は「言語＝道具・技能」という言語観による会話のパターン練習とそのスキルの訓練に終始している。この言語観に立つ限り、どんなに英語を学んでも1週間の海外旅行ができるレベルを超えることはない。この「言語＝道具・技能」とする英語教育は、英語の学びをあまりにも単純化し、言語文化を貶めている。英語の言語能力とは、会話のパターンとスキルに習熟した能力ではなく、むしろ文脈を読み取り文脈を創造し文脈に適切な言葉を構成する能力である。この肝心の能力が、教科書による英語教育では無視されている。

この点で、アジアの英語教育はどの国も失敗している。中国の都市部では小学校1年から毎週何時間もかけて英語教育を行っているし、韓国でも台湾でもベトナムでも小学校から多大な時間をかけて英語教育を行っている。しかし、その成果が絶望的であることは、これらの国々で学校卒業後、英語が通じる人々がほとんど皆無であることが示している。これらの国々で多少とも英語が通じる人々は、ほぼすべて留学経験のあるエリートたちである。これらの国々では、小学校からパターンの暗記とスキルの訓練に膨大な授業時間を費やしているだけに、その結果は悲惨としか言いようがない。

英語教育に成功している国々もある。これまで33か国を訪問してきたが、英語教育の成果が素晴らしいと思った国々はフィンランド、スウェーデン、オランダ、ドイツであり、それらの国々は、いずれも小学校では英語教育を行わず、中学校から教育を開始し、その多くで高校から第二外国語の履修を求めている。

〈ジャンプの学び〉で真正の学びを実現

学びの共同体の改革においては、教科書を使って〈共有の学び〉を20分ほど行ったうえで、〈ジャンプの学び〉においてオーセンティックなテクストを用いて探究的で協同的学びを組織し、画期的な成果をあげてきた。今年度訪問してきた学校の〈ジャンプの学び〉の事例をいくつか紹介すると、『はらぺこあおむし』をテクストにして数の表し方を学び合った山形県新庄市新庄中学校の授業（中学1年）、絵本『お手紙』の翻訳に挑戦した長野県木島平村木島平中学校の授業（中学1年）、「トトロの森」の海外版アニメをテクストにして翻訳とリスニングを行った滋賀県大津市皇子山中学校の授業（中学2年）などがあげられる。

他にも、ディズニー映画の「スノー・ホワイト」の脚本の翻訳とリスニングの授業（中学3年)、イギリスの「ジョーク短編集」の授業(中学2年)、4コマ漫画「ピーナッツ」シリーズの授業(中学3年)、『不思議の国のアリス』(中学3年)、レオレオニの絵本シリーズ(特別支援教室)、マザーグース暗誦の授業(小学5年)など、学びの共同体の学校において、〈ジャンプの学び〉として、オーセンティックなテクストで真正の学びを追求する授業は、多くの学校で定着してきたと言ってよい。

高校においても同様である。本誌で以前紹介した長崎県の西彼杵高校で昨年参観した英語の授業では、スティーブ・ジョブズの有名なスタンフォード大学講演をテクストとして、グループ活動で全文翻訳と講演のリスニング、そして本文の暗誦の学びが展開されていた。同校は学習困難な生徒たちが多数通う高校だが、すべての生徒たちがこの高いレベルの学びに夢中になって取り組み、すべての課題を達成していた。こうなると大学の教養英語のレベルである。

もう一方で、学びの共同体の学校では、みさとの丘学園の事例のようにCLILで〈ジャンプの学び〉を組織する事例も現れている。昨年訪問した愛知県小牧市応時中学校の英語の授業では、オイラーの創発した数学を英語で学ぶ授業が行われていた。このようなCLILによる〈ジャンプの学び〉も、オーセンティックなテクストによって真正の学びを実現しており、今後、学びの共同体の改革において実践事例が増えることは確実である。

オーセンティックなテクストによる真正の学びの効果は絶大である。〈ジャンプの学び〉において真正の学びを追求した教室では、英語の文脈を読み取る能力と文脈に応じた表現力がついて学力が飛躍的に向上し、どの生徒も英語が好きになって一人の落ちこぼれも出していない。ぜひ、挑戦していただきたい。

英語教育は根本から見直す必要がある。数年もすれば、自動翻訳機が電卓のように使える時代が到来する。自動翻訳機は急速に進化しており、数か月前に来日した中国からの学びの共同体の学校視察団は、私の講演を「スマホ」の自動翻訳機を見ながら聴いていた。ほぼすべてが理解できたという。現在の中学校と高校の英語教科書は、ほぼすべてが自動翻訳機で処理できる内容である。もちろん、自動翻訳機を電卓のように使える時代においても、英語教育の重要性は決して衰えることはない。しかし、その英語教育は、今の教科書のような英語教育ではない。その最先端の見通しを学びの共同体の英語教育の実践は開拓し続けている。

一人ひとりの尊厳にもとづく協同的学び

―厳しい現実を越えて学ぶ子どもたち―

困難の壁を越えて

２０１８年12月12日から14日、関西の三つの学校を訪問した。東大阪市の長瀬北小学校（谷口美佐子校長）と金岡中学校（島岡伸行校長）、そして神戸市の丸山中学校（市川千敏校長）である。この３校は、いずれも厳しい状況を生き苦難を抱え込んだ子どもたちが多数通う学校であり、教師たちが身と心を砕いて授業づくりに腐心してきた学校である。学びの共同体の改革の一つの特徴は、この３校のように厳しい困難を抱えている学校において「奇跡的」とも言える改革を実現してきたことにある。

３校のすべての教室を参観して、子どもたちが一人残らず学びの主人公として真摯に学び合っている姿を目の当たりにし、その感動で何度も涙がこみあげてきた。それほど、この3校の子どもの学び合う姿は素晴らしかった。

この3校と私の関わりは、それぞれ異なっている。金岡中学校の公開研究会への参加は16年前から、長瀬北小学校の公開研究会への参加は6年前からであり、丸山中学校の公開研究会への参加はこの年が初めてである。金岡中学校において学びの共同体の改革が開始されたのは約18年前である。その改革が8年前に校区の長瀬北小学校に伝播し、丸山中学校には6年前に導入された。その出発点を準備したのは東大阪市元小学校長南光弘さんであり、それを引き継いだのが金岡中学校元校長の馬場宏明さんである。南さんは、現在、長瀬北小学校のスーパーバイザー、馬場さんは金岡中学校と丸山中学校のスーパーバイザーをつとめている。

長瀬北小学校を訪問し、1年前と比べて同校の改革が大きく前進したことを確認できた。前年までは、授業中突っ伏したり、学びを途中であきらめてしまう子どもが学年ごとに数人残っていた。今年はどの教室を見ても、学びをあきらめる子どもがいない。低学力の子どもや特別支援を必要とする子どもや情緒不安定な子どもは少なくないのにもかかわらず、一人も学びをあきらめる子どもは存在しない。この前進の要因は次の三つにある。

第一は、一人も独りにしない親密なつながりと聴き合う関係が生まれ、誰もが安心して学べる静かな教室環境がつくられたことである。小学校の改革では低学年（1年と2年）

長瀬北小学校の学びの風景。

の授業づくりが最も難しいのだが、同校の低学年は全体の聴き合う関わりとペアの学び合いが定着し、その結果、学校全体の安定した学びの基礎がつくられていた。

第二は、わからない子どもたちがグループの仲間に「わからない。ここ、どうするの？」と尋ねることができるようになったことである。その結果、クラス全体に温かい支え合う関係が成立し、一人残らず学びに参加する状況がつくられた。

第三は、ジャンプの学びがすべての授業において挑戦されてきたことである。ジャンプの学びの導入は教室の学びを探究的にするだけでなく、子どもたちを学び好きにし、低学力の子どもたちの学力を向上させる。それだけではない。ジャンプの学びのデザインは、教師たちの専門性を開発する最も有効な方法でもある。

最後に、長瀬北小学校の著しい前進の要因として、谷口校長を中心とする教師たちの同僚性の成熟がある。同僚性によるこの3年間の教師たちの成長は感動的である。今では、どの教師も学びの共同体の哲学と活動の基本を体得しており、それぞれの個性を創意的に発揮して日々の授業を創造している。子どもたちの著しい成長は、その結果である。

谷口校長と南さん、馬場さんと一緒に教室を参観しながら、自然体で自分に正直に学びに向かう子どもたちの愛くるしい姿を語り合った。しかし、まだ何人かの子どもは低学力から脱してはいない。いっそう夢中になって学び合う授業づくりを推進し、子どもたちを学び上手に育てる必要がある。「理解中心の授業から探究中心の授業へ」と移行する改革へと前進させることが求められている。

学び合う学校文化の実現

金岡中学校の進歩も著しかった。16年前、同校を最初に訪問した時の光景は忘れられない。校舎の随所に鉄条網がはりめぐらされ、廊下の窓ガラスにはアクリル板がはめ込まれていた。鉄条網のとげとげしさとアクリル板の窓のどんよりとした光は、同校の厳しさと息苦しさの象徴であった。鉄条網とアクリル板の校舎でまっとうな教育と学びを実現することは不可能である。いくら窓ガラスを何枚も割られようとも、子どもの可能性を信頼して鉄条網を取り去り、ガラス窓にすべきである。そう最初にお願いしたのが思い起こされる。

その金岡中学校が「奇跡的」な成功を達成してきた。最近数年間の進歩は著しい。およそ半分の生徒が入学してくる長瀬北小学校において学びの共同体の改革が導入されたことにより、金岡中学校の改革はいっそう確かなものとなった。同校の生徒数は約２００人だが、誰一人学びに背を向けている生徒はいない。誰もが教室の仲間に受け入れられ、協力し支え合って質の高い学びに挑戦している。特に今年は、１年生と2年生が学び上手に育っているのが印象的であった。これも長瀬北小学校の改革との接合の結果だろう。

厳しい現実を生きる子どもたちにとって学びは闘いである。子どもにとって学びは人権の中核であり、生きる希望の中心である。毎年、入学時の生徒たちの学力は市内で最低レベルにあるのだが、3年時には市の平均、府の平均を超え、全国平均も超えるレベルに達している。学力向上は改革の目的ではなく結果の一つの指標だが、それ以上にどの子も学びに夢中になり学び上手になって、学びの主権者として成長しているのが素晴らしい。それこそが、改革の最大の成果である。

今年も、市内外から約１５０人の教師たちが公開研究会に参加した。参観者たちは、この学校がかつて鉄条網とアクリル板の窓に覆われ、トイレの便器がことごとく破壊されていたことを想像することができただろうか。生徒たちの生活現実は当時よりいっそう厳しさを増している。それにもかかわらず、生徒たちと教師たちはその厳しい現実を打破する学びの共同体を十余年にわたって実現してきた。そして今、学びの共同体は同校において学校文化として深く根をおろしている。

この奇跡はどのようにして実現したのだろうか。その秘密を同校の学びの風景は提示していた。成功の秘密の一つは、教室における学びの〈場〉と〈関係〉と〈環境〉にある。学びの〈場〉とは、端的に言えば、コの字もしくは４人グループの机の配置（placement）であり、教師の居方（ポジショニング）である。〈場〉の構成により、一人も独りにならない学び合いの関係が準備され、口よりも耳と目によって授業を遂行する教師の居方と関わりの活動が成立している。〈関係〉とは聴き合う関係（relation）であり、この聴き合う関係が対話的コミュニケーションによる学びを創出し、心を砕き合うケアの関係を生み出し、一人ひとりを主人公（protagonist）にする民主主義の共同体を創り出している。そして〈環境〉とは、学びを促進する秩序と静けさを備えた環境（environment）を意味している。この環境によって誰もが安心して学びに専念できる空間が実現している。かつて社会心理学者のクルト・レヴィンは、B＝f（P,E）という公式で「場の理論（field theory）」を提唱していた。Bは行動、Pはパーソナリティ、Eは環境である。すなわち、人の行動はその人の人格と環境の関数なのである。この「場の理論」にちなんで、私はF＝f（P,R,E）と表現している。学びの行為の基盤（F）は〈場（P）〉と〈関係（R）〉と〈環境（E）〉の関数として表現できるだろう。この公式を体現した姿が、金岡中学校のすべての教室で実現している。

金岡中学校の16年間は紆余曲折であった。しかし、私は一度も不安になることはなかった。同校の同僚性が常に安定していたからである。学校はときどきの生徒や保護者の状況によって刻々と変化するが、職員室に安定した同僚性が築かれている限り、どんな困難も克服することが可能である。そのことも同校の16年の歩みは教えてくれる。

尊厳・信頼・互恵・共同体の四つの規範

翌日、神戸市の丸山中学校を訪問した。同校は市内の中学校の中でも、最も厳しい現実を生きる生徒たちが通う学校の一つである。就学援助率は60％近くに達している。その同校に学びの共同体が導入されたのは6年前、金岡中学校の改革がその発火点を準備した。

同校の訪問は初めてである。率直に言って授業の改革はまだ途上の段階であったが、それでも生徒たちの変化は著しかった。どの生徒も独りになっていないし、柔らかな関係で助け合い協力し合って学んでいる。その真摯な学び合いの姿に感動し、長瀬北小学校、金岡中学校と同様、彼らの生活現実の厳しさを思い浮かべ、何度も涙がこみあげてきた。

学びの共同体の改革は四つの規範を特徴としている。〈尊厳（dignity）〉〈信頼（trust）〉〈互恵（reciprocity）〉〈共同体（community）〉の四つの規範である。この四つの規範が、子どもたちと教師たちの学びの倫理的実践を可能にしている。一人ひとりの個の尊厳と学びの尊厳を尊重すること、それによってリスペクトと信頼にもとづく人間関係を築くこと、互恵的な学びによって相互の幸福を実現すること、そして個性と多様性を実現する共同体の復権をはかることである。丸山中学校は、この四つの規範を体現する学びを実現している。学びの共同体の改革では、生徒たちの学びが教師たちの学びに先行して展開するが、この丸山中学校においても、その一歩が築かれていた。どの学校を訪問しても感じることだが、子どもたちの学びの事実から学ぶべきことは多い。

苦難の壁を越えて学ぶ子どもたち

一人も独りにしない教室

２０１９年１月に訪問した学校10校のうち７校は、要保護・準要保護の子どもが全校児童・生徒の３分の１以上という学校であった。それらの学校では、貧困の苦難に加えて、特別支援を必要とする子どもが全児童の３分の１に達していたり、日本語の能力が不十分な外国籍に連なる子どもたちが４分の１を超える学校も少なくなかった。そう語ると、危機的な事件が続発する騒然とした学校を想像されるだろうが、真逆である。訪問した学校はいずれも、近隣のどの学校よりも安定しており、子どもたちは一人残らず真摯に学び、教師たちも穏やかな環境で創意的実践を行っている。「学びの共同体」の改革の素晴らしさが、これらの学校の事実に表現されている。

訪問した学校を列挙すると、大阪府茨木市の豊川中学校、豊川小学校、郡山小学校、大阪府和泉市の鶴山台北小学校、横浜市鶴見区の汐入小学校、岡山市の岡南小学校、清輝小学校である。ほとんどの学校が「学びの共同体」の改革を10年以上持続し、一人も独りにしない学び合う関係と、一人残らず学びの主人公にする協同的学びが学校文化として深く根づいている。いずれの学校の公開研究会においても、参観者を圧倒する質の高い学びが実現していた。何によって、このような〈奇跡〉が生み出されているのだろうか。その秘密を一つの事例で紹介しよう。

聴き合い学び合う子どもたち

鶴山台北小学校（辰巳恵子校長）は、14回目の公開研究会を開催した。同校の児童数は約３６０名、どの学年、どの教室を訪問しても、誰もが安心して学べる静かな教室で、一人残らず夢中になって学びに専念している。どの教師も椅子に座って授業を行い、柔らかな声と身体で親密な学びの〈場〉と〈関係〉と〈環境〉を創出し、この数年間、同校の学びが安定し深化し前進したことを示している。

この日、提案授業を行ったのは、中堅の藤井希さん（2年「スーホの白い馬」）と今年

鶴山台北小学校の提案授業。

度で退職する宮下牧三さん（4年「ごんぎつね」）である。宮下さんは退職にあたって、自ら希望し提案授業を行うことになったという。宮下さんは実直で誠実な人柄であり、同校に転任してから7年間、心を砕いて子ども一人ひとりの学びを育んできた。その姿勢と実践に魅了された「宮下ファン」（私もその一人）は多く、近隣の学校の100人近い教師たちが、彼の提案授業を参観した。

私は授業を参観するときはいつも、開始前の1分間で「注目したい子どもたち」を手元の「座席表」に△印で記入する。△印の対象となる子どもは大別して3種類、低学力の子ども、情緒不安定な子ども、コミュニケーションの難しい子どもである。宮下さんの提案授業においてもこの作業を行って驚いた。この教室で△印をつけたのは、知的障碍で発声も障碍があり多動の芳樹（愛称よっちゃん、仮名、以下同じ）、親の虐待で身体が悲鳴を発している真人、特別支援が必要（知的障碍）な真也、低学力でトラブルメーカーの綾音、低学力のほのかと初音、前の学校ではずっと不登校だった美香……。何と「座席表」の△印は30人中14人に達した。クラスの半数である。通常、△印をつけるのは4、5人、多くても7、8人なので、この教室の困難を抱える子どもの数は異様に多い。その教室で、温かいつながりと信頼に支えられ、どの子も授業の最初から最後まで夢中になって学び合う授業が展開された。

授業は、前時に学んだ新美南吉の詩「島」を朗読することから開始された。このクラスで最も障碍の重いよっちゃんが進み出て朗読（漢字が読めないので暗誦）。教室は温かい拍手で包まれる。そこから「ごんぎつね」の「3の場面」の音読（グループ活動）へと入る。どの子も文章の言葉に触れる音読を行っており、宮下さんの音読指導の確かさがわかる。廊下側の第1グループでは、多数の参加者の熱気もあって先ほど朗読したよっちゃんのテンションがあがってしまい、となりの美香が懸命にケアしている。前の学校でずっと不登校だった美香は、よっちゃんをケアすることによって自らを癒やしているようにも見える。

12分ほど音読を行った後、宮下さんは「ごんが兵十につぐないをしようと思ったのはどこか？」という問いを投げかけて、書き込みとグループの交流へと移行した。宮下さんの意図は「おれと同じ、一人ぼっちの兵十か」という言葉に着目させることにあったのだが、私には、この問いは子どもの読みから少し遊離しているように思われた。そのためか、グループ活動の後の交流で、さつきや優亜は「おれと同じ、一人ぼっちの兵十かのところ」と発言したものの、「2の場面と3の場面の間」（美香）、「これはしまったと思いました」のところ（達人）、さらには前の場面である「2」冒頭の「十日ほどたって」のところ（綾音と真也、特別支援の真也のアイデアからトラブルメーカーの綾音が学んだ結果）など、宮下さんが予想もしなかった意見が次々と提出された。しかし、この読みの多様性によって、一人ひとりが読み描く、ごんの心象風景が多彩に浮かび上がってくる。この教室のすごさは、多種多様な意見が提示されても、誰もどの意見も否定せず、読みの多様性をどこまでも味わって愉しんでいるところにある。宮下さんの意図は裏切られたが、それによって読みの多様性によるごんのイメージは一挙に拡大した。

授業の後半は、「3の場面で一番素敵だと思う文章に赤線を引く」課題でグループ活動が行われた。この作品の味わいを交流する学びである。どの子も「ごんぎつね」が大好きであり、その思い入れが一人ひとりの「素敵だと思う文章」によって交流された。興味深いことに、グループ活動であるにもかかわらず、グループ内で同じ箇所に線を引いている子は誰もいない。それぞれが読み描いたごんの姿を「素敵だと思う文章」の差異によって豊かにし合っている。この課題でがぜん夢中になったのは、親の虐待に苦しんでいる真人である。その真人につられて、ハス向かいの低学力の康太にも学びの火がついた。この二人を支えているのが、同じグループ内の由衣と里奈である。特に里奈の明るい笑顔は素晴らしい。この笑顔が真人と康太を支えている。その里奈は「いわしの安売りだあい。生きのいい、いわしだあい。」に赤線を引いていた。この声が、いたずらをくりかえしてしょげてしまうごんを励ましているという。

最後にグループで音読。よっちゃんはもう限界か、同じグループの３人が総がかりでよっちゃんの音読を支えても、彼の学びは途切れてしまう。そこに宮下さんが来て、よっちゃんの手を温かく握ると、よっちゃんはぐずるのをやめて、ひらがなを指でたどりながら一音ずつ読み始めた。私のすぐ近くのグループの美香のテクストを見ると、「ごんぎつね」の最初のページの漢字にはすべて赤鉛筆でルビを入れているのに、「３の場面」では一つのルビも入れずに漢字をすべて正確に読んでいる。ものすごい進歩である。こうして、たくさんのドラマで彩られた宮下さんの提案授業は終わりを告げた。

教室の事実から学ぶもの

宮下さんの提案授業から学ぶものは多かった。私がまず学んだことは、この教室の子どもの学び合いの素晴らしさである。この教室の子どもたちの多くは、それぞれ厳しい現実と重い苦難を抱え込んでいる。それにもかかわらず、この教室では誰一人排除されず温かく受け入れられ、精いっぱいの誠実さで学び合っている。その秘密は、子どもたちが相互にリスペクトの関係でつながっていて、一人ひとりの学びの尊厳が大切にされていることにある。何よりも私が感動したのは、どの子もグループの仲間の言葉を夢中になって聴き合っていたことである。まるで大切で壊れやすい宝物を丁寧に受け取るように、仲間の言葉を受け止め合っている。とんでもなく学び合いが上手なのである。

なぜ、この教室の子どもたちは、これほどまでに一人ひとりの学びを尊重し合い、小さな差異から多くを学び合う柔軟さを備えているのだろうか。そして、なぜ、この教室の子どもたちは、傍から見るととても理解できない仲間の学びの潜在的な可能性を信頼し粘り強く支え励まし合って、障碍の壁や困難の壁を乗り越えていけるのだろうか。そこにこの教室の聴き合う関係の素晴らしさがある。この聴き合う関係こそが、どんなに困難な教室においても豊かな学びが成立する秘密なのだと思う。

この授業を参観して、なぜ私が「宮下ファン」なのかについても再認識することができた。宮下さんは実直で誠実な教師である。宮下さんの誠実さは優れた教師に共通している三つの誠実さである。一つは、子ども一人ひとりに対する誠実さである。二つ目の誠実さは、教育内容（テクスト、教材）に対する誠実さである。宮下さんは寸暇を惜しんで、教材の研究と開発を行っている。教材の向こうにあるもの、教材の発展性への洞察がなければ、教室の学びは浅いものになってしまう。宮下さんの三つ目の誠実さは、自分自身に対する誠実さである。宮下さんほど穏和で優しい教師はいないが、不正なこと不義なこと許されないことに対しては敢然として闘う。自分自身に対する誠実さを貫いているからである。

一つの授業から学ぶもの、一つの教室の事実から学ぶものは計り知れないほど多い。厳しい現実と困難を抱えている学校と教室は、それらの障碍をはるかに凌駕する教師と子どもの豊かな学びを創出する舞台でもある。

第二部

学びのデザインとリフレクション

算数・数学における真正の学び

―量の復権へ―

子どものつまずきから学ぶ

神奈川県茅ヶ崎市浜之郷小学校（野上美津子校長）において、三つの算数の授業を参観した。２０１８年11月29日と12月７日（公開研究会）に行われた喜多尾健也さんの「百分率」（5年）の授業、２０１９年2月1日の目崎ゆみ子さんの「□を使った式」（3年）の授業である。この三つの授業は、数学の真正の学びについて深く検討し合う機会となった。

喜多尾さんが11月29日に行った「百分率」の授業は、子どもがどこでつまずくかを如実に示すものだった。共有の課題は「５２０円のおこづかいを30％増やした金額」、ジャンプの課題は「おこづかい５２０円を30％増やした場合と、３５０円を90％増やした場合と８００円を20％減らした場合の比較」である。喜多尾さんと子どもの関係は素晴らしく、教室には学び合う関係とケアし合う関係が見事に構成されていた。しかし、低学力の子どもたちも含め、どの子も活発に学び合っているのだが、共有の学びもジャンプの学びも混乱と混迷を深めてしまい、数学的な探究としては不十分なものだった。

子どもの理解の仕方を学ぶより、むしろ子どものつまずきから学ぶことがより重要である。私がこの授業で最も驚いたことは、24名の子どもたちが誰もテープ図も線分図も描いていなかったことである。量の関係がまったくイメージされていないのである。その結果「520円の30％増し」を「520＋30」としたり「520×30」としたり、予想に反する式が続々と登場している。ここには、三つの根本問題が横たわっている。

一つは、つまずく子どもの思考方法である。つまずく子どもは問題に出会うと「どうする？どうする？」という問い方で問題にアプローチし、かつての経験で成功したやり方で対処しようとする。「520＋30」「520×30」など、私たちが予想もしない式が登場するのは、その結果である。「どうする？どうする？」というアプローチから「これはどういうこと？」というアプローチへと転換する必要がある。

もう一つは数学的思考の問題である。数学は「量と空間形式の科学」であり、「量の科学」についていえば、量的な意味（量のイメージ）と操作的な意味（式）が一致したときに、子どもは納得して学ぶことができる。しかし、この教室の子どもたちは、この二つがばら

浜之郷小学校の授業風景。

ばらなままである。線分図を一人も描いていないことに示されるように、量が消えてしまっている。

この責任を子どもと教師に帰することはできない。算数の教科書は2度の学習指導要領の改訂で、量（タイル図、掛け割り図、テープ図、線分図、数直線）が次第に消されてきた。その要因は二つある。一つは教科書の数学が理学系の数学から工学系の数学へと移行していることである。かつて東京大学に在職中、工学部の教授に「佐藤さん、今の算数数学教育はまちがっている。意味や理由を考えさせるだろ。工学の数学では意味を考えず使えることが大事なんだ」。この教育への不満が工学系数学者のすべてとは思わないが、そういう考えは確かに浸透している。もう一つの理由は、現代の数学が「抽象の抽象」の数学であることである。数学はもともと「数（かず・実在の世界）」「量（半具体・半抽象の世界）」と「数（すう・抽象の世界）」との関係の中で成立してきた。しかし、現代の数学では量は不要なのである。しかし、量の世界を失ってしまうと、子どもは数学の意味がわからなくなってしまう。教室の子どもの姿は、それを如実に示していた。

もう一つの問題は、子どもたちが「1当たり量」の概念をもっていないことにある。加減における量の体系と乗除における量の体系は根本的に異なっている。乗除における量の体系は「1当たり量」である。小学校の算数で、分数、割合、比の領域は、子どもたちが最もつまずく領域だが、それらはすべて「1当たり量」の概念が不十分なところに起因している。

この日の授業協議会で私が指摘したことは上記の諸点である。喜多尾さんは1週間後の「公開研究会」で提案授業に向けて、この三つの大きな課題に挑戦することを決意した。

いつも線分図を描く

1週間後の公開授業において喜多尾さんは再び「百分率」の授業に挑戦した。今回の共有の課題は「3000円の服の30%引きの値段」、ジャンプの課題は「2500円の同じ服をA店では60%引き、B店では40%引きでタイムセールでさらに30%引き、どちらがどれだけ安いか」である。

喜多尾さんの授業と子どもたちの学びは、1週間前とは激変していた。共有の課題においても、ジャンプの課題においても一人残らず、まず図と線分図を描くことから問題にアプローチしている。それによって「どうする？どうする？」の思考方法から抜け出して「どういうこと？」という思考方法へと移行している。量の関係をイメージとして構成することから数学的思考を始めているのである。それだけではない。グループ内のつぶやきに耳を傾けると、どの子も「1当たり量」という概念を使って探究し説明している。前の授業では「これを1とすると」という言葉が2、3人からは漏れていたが、「1当たり量」の概念はほとんどの子どもが獲得していなかった。驚嘆すべき変化である。

喜多尾さんは、1週間の間に「線分図」と「1当たり量」を徹底して学ばせたという。これまで「式」「答え」としていた記入欄も「線分図」「式」「答え」に転換していた。喜多尾さんの授業それ自体が、数学的探究を追求する授業へと変化したのである。前回の授業と比べて、子どもたちの学びが比較にならないほど深く探究的になり、真正の学びへと発展したことは言うまでもない。

すべての小学校教師にお願いしたいことだが、子どもたちには必ず量的関係の図（タイル図、掛け割り図、テープ図、線分図、数直線）を描くことを習慣化させてほしい。それだけで、子どものつまずきの大半が解決される。さらに、量的関係の図は、算数の学びに数学の真正の学びをもたらしてくれる。数学と科学における探究の本質は「モデルによる思考」にある。この本質的な学び（真正の学び）をもたらしてくれるのである。

かつてグレゴリー・ベイトソンは、学びには「知識の内容を学ぶ learning I」（見える学び）と「知識の学び方を学ぶ learning II」（見えない学び）の二つがあり、より本質的なのは learning II であると述べていた。なぜならば、learning II を学ばなければ、何を学んでも、その知識はガラクタの寄せ集めにしかならないだろう。この learning II を私は「真正の学び」と呼んでいる。これまでの学校の学びは、learning I（理解）を中心に組織され、learning II（探究）をおろそかにしていたのではないだろうか。

コンピュータの数学と人間の数学

2月1日に浜之郷小学校で参観した目崎ゆみ子さんの授業「□を使った式」（3年）は、私にとってさらに学ぶところの多い授業であった。この授業の共有の課題は「教室の参観者が□人、浜之郷の先生が11人、それ以外の先生が20人、これを式で表す」、ジャンプの課題は「コーヒー9デシリットルと牛乳7デシリットルでつくったコーヒー牛乳を飲んで残りは8デシリットルになった。これを式で表す」であった。

目崎さんの授業はいつも驚くほど安定している。目崎さんと子ども一人ひとりの信頼関係が素晴らしく、子どもたちの聴き合う関係が育っていること、学びのデザインが熟考され構造化されていることが、その基礎にある。今回の授業も、その素晴らしさが開花していた。しかし、目崎さんとしては珍しく、課題のデザインに苦慮したという。「□の必然性を子どもたちが感じられる学びが組織できなかった」というのである。この戸惑い自体が、さすが目崎さんだと思う。教科書では「図書館に50冊本があります。何冊か借りだされました。残りは38冊です。何冊借りだされたのでしょうか。式をつくって答えを出しましょう」となっている。確かに、これでは□を使う必然性は見えてこない。

授業協議会では、この目崎さんの疑問を中心に授業のリフレクションが行われた。浜之郷の協議会の素晴らしさは、子ども一人ひとりのつまずきや学びを子細に観察して交流するところにある。この協議会でも、教室の事実が多角的に浮き彫りにされ、そして□の意味についても、式の右辺が未知数である限り□は必要がないが、□のすごさは未知数を定数と同様に実体化し操作可能にすることにあることが明確化されていった。そのとおりである。人類は6千年も前から計算をして建造物をつくってきたが、未知数を文字で操作するようになったのは15世紀である。その未知数のドラマが、この学びの底に横たわっている。

もう一つ、この授業で感銘を呼んだのは、線分図で混乱した子どもたちを見て、両手を出させて「コーヒー9デシリットル、それに牛乳7デシリットル」……というように両手の幅で量を身体で表現させ、線分図を完成させていたことである。そうなのだ。量は身体感覚なのである。そう考えると現代における数学の闘いが見えてくる。一方にはアルゴリズムのアルゴリズムとなった「コンピュータ数学」があり、もう一方には目崎さんが追求している「人間の数学」がある。その対立のはざまに、今日の算数数学教育はおかれている。

かつて現代数学を創始した若手集団ブルバキの中心人物ルネ・トム（カタストロフィーの理論で著名）は、その後、「神格化した数学」に対して「人間の数学」を主張し、「感覚的意味の復権」を主張していた。量の復権は人間の数学の復権にも連なっている。

学びの場と関係と環境をつくる

教室環境の転換

学びの「場」と「関係」と「環境」づくりは、授業改革の出発点である。探究的で協同的な学びを実現するためには、伝統的な教室では不可能である。黒板があって教卓と教壇があって、生徒の机が一方向に並んでいる一斉授業の教室が成立したのは、どの国においても140年前のことであった。この教室システムは、画一的国民を形成し、農作業や単純な工場労働を多数が担う時代における経済性と効率性と教師による権力統制を原理とする教室システムであった。この一斉授業の教室がことごとく崩壊したのが、1990年代である。ベルリンの壁の崩壊（1989年）によるグローバリゼーションによって、国民国家の時代は終わり、産業主義の社会からポスト産業主義の社会（知識基盤社会）に移行することによって、一斉授業の教室は博物館に入り、存立基盤を失ったのである。

5年前にイギリスで開催された世界授業研究学会（WALS）のパーティで、ヨーロッパ諸国において伝統的教室が消え、コの字型とグループ学習の教室へと小学校から高校までのすべての教室が転換したのはいつごろかと尋ねたところ、同席していたイギリス、オーストラリア、カナダ、ニュージーランド、スウェーデンの研究者たちは一様に「1990年代の終わりごろ」と答えた。この回答は、これまで33か国約700校を訪問してきた私の実感とも重なる。教室の19世紀型から21世紀型への変化は、1990年代に欧米諸国で実現し、2000年代にアジア諸国、ラテン・アメリカ、中東諸国、アフリカへと波及した。

学びの共同体の改革は、その当初から「21世紀型の学校と授業」を標榜し、教室の場と関係と環境づくりを実践の出発点として重視してきた。その根拠は、1910年代以降の欧米諸国と日本の新教育・進歩主義教育の革新的伝統の継承にある。デューイ実験学校（1896―1904年）を起源とする新教育・進歩主義教育の革新的伝統において、コの字型の机の配置と男女混合4人グループの協同的学びは世界のどの国においても一般的であった。日本においても、1920年代から1930年代初頭の新教育の学校の写真を収集すると、コの字型の机の配置と男女混合4人グループの協同的学びが広く普及していたことが知られる。この教室環境が一斉授業の様式へと逆戻りし、6人グループによる班学習へと変貌したのは1930年代後半から1940年代前半のファシズム教育においてであった。

なぜ、1990年代以降、コの字型の机の配置と男女混合4人グループの協同的学びが一斉授業のスタイルにとって代わったのだろうか。その最大の理由は、学校において求められる学びが、単純労働者を想定したシンプルな学びから、知的労働者を想定した「質の高い学び」（探究と協同の学び）へと変化したことであろう。この授業と学びの改革の最前線を学びの共同体の改革は推進してきた。学びの共同体の改革では、子どもたちの方が教師たちよりも早く成長するが、その現象は教室の場と関係と環境が子どもたちの学びの作法を育てる作用の結果である。

学びの基盤をつくる

学びの共同体の教室づくりを行うにあたって、私が啓発されたのは、クルト・レヴィン（1890―1947年）の「場の理論（field theory）」であった。

レヴィンの「場の理論」は示唆に富んでいる。レヴィンは「社会科学としての心理学」

1990年に撮影したボストンの教室風景。

を追究し、ドイツで活躍した若い時期にはモスクワを訪問して、まだ無名であったレフ・ヴィゴツキーとの親交を深めている。ユダヤ人であった彼は、戦中、アメリカに移り、カリフォルニア大学で活躍した。レヴィンは人の行動が生まれる「生活空間」は物理学（力学）と数学（二つ以上の元を有する群集合の連続体）で解明できるという。そして人の行動（behavior：B）の多様性は、その人の人格（personality：P）と環境の力学（environment：E）の関数という「場の理論」を提唱した。B＝f（P，E）という公式で表現される理論である。「場の理論」は人の行動を理解する画期的な理論であった、行動主義の心理学において人の行動は「刺激（S）」と「反応（R）」

で説明され、行動主体においては「動機(motivation)」(あるいは「意欲」)と「意図(intention)」(あるいは「目的」)で説明されていた。レヴィンの「場の理論」は、この見方を根本的に転換することを要請したのである。

レヴィンの「場の理論」は、教室における子どもの行動を理解するうえで重要である。たとえば、教室から飛び出す子どもの行動を考えてみよう。その子は「刺激」に「反応」して飛び出したのだろうか。あるいは、教室から飛び出したい「動機(意欲)」と教室外で何かをしたい「意図(目的)」によって飛び出したのだろうか。そうではないだろう。彼/彼女は、教室にいられない状況に陥り、いたたまれない気持ちで飛び出している。その行動を理解するには「場の理論」の方が、行動主義心理学の解釈よりも、はるかに有効である。

教室から飛び出す子どもの行動の背景には、彼/彼女の学びを誰からもケアされない状況があり、さらに言えば、「あの子さえいなければいいのに」という教師と子どもたちの無意識の中に隠されたまなざしと心情がある。この「場の力学」によって彼/彼女の行動が生まれているとも言えるだろう。その子の指導よりも、むしろその子を受け入れケアすべき他の子どもたちの指導が求められるのであり、その方が有効なのである。

逆に、さまざまな困難を抱えた子どもが夢中になって学びに専念している状況を想定してみよう。ここでも「場の理論」は有効である。その子を学びへと誘っている基盤には、彼／彼女の学びを歓んで受け入れる教師と他の子どもたちのまなざしとケアの関わりがあり、その「場の力学」が彼／彼女の学びの行動を生み出している。

場と関係と環境づくり

しかし、レヴィンの「場の理論」の公式（B＝f（P, E））は、教室の学びの行動を説明するには単純すぎる。教室における一人ひとりの行動は、より複雑な要因と関係の中で生じており、その複雑さを認識し実践に活かすためには「場の理論」を拡張し発展させた枠組みを創出する必要がある。

私は、学びの共同体の実践を推進するにあたって、レヴィンの「場の理論」を拡張し発展させた「学びの基盤（foundation: F）」の公式を提案している。F＝f（P, R, E）という公式である。Fは「学びの基盤」であり、Pは「教室の机の配置（placement: P）」と「教師の居方（positioning）：P」の二つのPを示している。Rは「関係（relation：R）であり、Eは「環境（environment：E）」である。教室の子どもの学びの基盤は、このF=f（P, R, E）という関数式で最もよく理解できるというのが、私の現在の到達点である。

学びの共同体の実践において、P（机の配置と教師の居方）は出発点において何よりも重要であり、コの字型もしくは男女混合4人グループの机の配置、テンションを落とし最小限の言葉で語りかける教師の子どもへの関わりが子どもたちの学びへの専念と学び合う関わりの基礎となる。最初から4人グループの机の配置にするか、あるいはコの字型からスタートして4人グループの机の配置に移行するかは、それぞれの教師の授業のスタイルと教室の特性によって決定してよい。ただし、小学校1、2年の教室は、最初から最後までコの字型で、グループ学習ではなくペア学習を導入すべきである。教師の居方は、さらに重要である。優れた教師は「口」（話すこと）よりも、「目」（まなざし）と「耳」（聴くこと）によって仕事を行っている。教えるという活動の中心は「話すこと」よりも「聴くこと」なのである。

学びの共同体の基盤づくりのR（関係）では、「聴き合う関係」が求められている。聴き合う関係は、対話的コミュニケーションを実現し、対話的コミュニケーションによって学びの実践が遂行される。他者の声を聴くことは、学びの出発点であり、学びの跳躍台である。それだけではない。聴き合う関係は、相手を尊重して自分も立てることにより、一人ひとりが主人公（protagonist）になる民主主義を教室に実現する。さらに聴き合う関係は応答的（responsible）な関係であり、ケアの関係を創出し、責任（responsibility）の感情を生み出す基盤となる。学びの共同体は「リスニング・ペダゴジー（聴き合いの教育学）」なのである。

学びの共同体の実践のＥ（環境）においては「静かな環境」が重視されている。学びの基盤としての環境の要素は、教室の学びを触発する掲示物、モノの彩りと配置、温かく柔らかで潤いのある人間関係など数多くあるが、何よりも大切なのが「静けさ」である。通常の教室は、創造的思考や深い思考を生み出す空間としては騒がしすぎる。騒がしい教室は神経を苛立たせ、精神的な疲労を生み出す。誰もが安心して学べる教室、一人ひとりが自己との対話によって深い思考を実現できる教室は「静かな環境」によって構成された教室である。

思えば、教室の場と関係と環境への注目は、授業研究の技術革新にも対応していた。従来の「発言記録」による授業研究では、場も関係も環境も研究の対象とすることはできない。私が42年前、授業研究を開始した当初から当時普及し始めたばかりのビデオ・カメラによる記録を授業研究において活用し始めたのは、この理由による。教室も授業も人の感情と行動の関係が複雑な織物を紡ぎ出している生き物なのである。

探究と協同による真正の学びへ

一つの事例から

２０１９年５月８日、栃木県足利市北中学校で公開研究会が開催された。同校の訪問は4回目である。同校が学びの共同体の改革を開始したのは5年前、毎年１回訪問してきたが、訪問するたびにめざましい進歩を遂げてきた。今回の訪問で印象深かったことは、学びの共同体が「探究の共同体」へと進化していることだった。かつては県内で最も困難を抱えた学校の一つであったが、今ではその面影は微塵も感じられず、一人残らず生徒たちが夢中になって学び合って、その学びが探究的で協同的な学びとして開花している。

それを象徴する提案授業が、沖山磨先生の「式の計算」（中学3年）であった、沖山先生は、言葉を選び一人ひとりに語りかける口調で授業を開始した。その柔らかで無駄のない導入と開始後ただちに「共有の学び」のグループ学習へと移った姿を見て、沖山先生が学びの共同体について深く研究されてきたことが一瞬で理解できた。

この授業は二次方程式の「式の計算」の導入にあたる。「共有の学び」の課題は、「周囲54ｍのバレーコート（それぞれのコートは正方形）の片方のネットの端からフェイントで落とせる範囲が敵コートの一辺 x ｍの正方形、強打で打てる範囲が一辺 y ｍの正方形であるとき（x＋y は敵コートの正方形の一辺）、その二つの面積の和が14㎡のとき、x y と x＋y の値を求める問題である。

生徒たちは図による方法と式による方法の二つでグループで学び合い、15分程度ですべての生徒が正解に達した。続いて「ジャンプの課題」へと移行する。

「ジャンプの課題」は、「一辺が x ㎝の正方形の面積と一辺が y ㎝の正方形の面積の和が26㎠、たて x ㎝、横 y ㎝の長方形の面積が12㎠のとき、一辺が x ㎝の立方体のキャラメル x 個と一辺が y ㎝の立方体のチョコの y 個を合計した体積はいくらになるか」である。このジャンプの課題はかなりレベルが高い。生徒たちの既有の知識は $(a+b)^2=a^2+2ab+b^2$ だけである。もちろん四次の文字式は初めてである。

授業後、沖山さんは「かなり高度なので、立式まで到達するグループが出れば、それで十分だと思っていた」と語っていた。しかし、私も驚いたのだが、結果的には、４分の３

の生徒が正解に到達した。

その秘密は、沖山さんが途中、立式に近づいた一人の女子生徒の思考を全員で共有し合う適切なスキャフォルディング（足場掛け）を行ったことにあるが、何よりもこの教室の生徒たちが「探究と協同」の学びを実現する学びの作法を体得していたことにある。

探究と協同

グループ学習の精髄は「探究と協同」を実現することにある。探究（inquiry）は思考（thinking）とは異なっている。思考は自己との対話であり一人でも可能だが、探究は他者との協同によって実現する。すなわち探究は多様な思考の練り合わせ（熟考 deliberation）によって実現する。私たちのように学問研究を体得した人は一人でも探究を行うことができるが、それは私の中に佐藤1、佐藤2、佐藤3……という複数の他者の思考を自己の思考の中に組み込んでいるからである。したがって、一人で探究することは大学生でも難しいだろう。「探究」は「協同」を必須条件としており、逆に「探究」と結びつかない「協同」は無意味である。

さらに、探究による学びはそれ以上の意味をもっている。かつて哲学者のグレゴリー・

足利市北中学校の探究の共同体。

ベイトソン（文化人類学者マーガレット・ミードの夫）は、「学び」には知識の内容を学ぶ「ラーニングⅠ」（あるいはproto-learning）と知識の学び方を学ぶ「ラーニングⅡ」（あるいはdeutero learning）の二つがあると指摘していた。

私の体験から具体例で説明しよう。私が中学2年で「一次関数とグラフ」を授業で学んだ時、そのすごさに驚嘆し、いったい誰がこんなことを創発したかを知りたくて、デカルトの『精神指導の規則』を読んだ。そこには近代代数学の出発点としての一次関数の意義が表現されていた。この場合、「一次関数とグラフ」の学びが「ラーニングⅠ」であり、デカルトの『精神指導の規則』による学びが「ラーニングⅡ」である。宮沢賢治の「やまなし」の学びを例に説明しよう。この作品の内容の鑑賞が「ラーニングⅠ」であるが、宮沢賢治は「やまなし」によってスライドの時代に「言葉」でアニメーションやコンピュータグラフィックスのような映像世界を表現する実験を行っている。そのすごさを学ぶのが「ラーニングⅡ」である。

このように、あらゆる学びには知識の内容を学ぶ「ラーニングⅠ」と知識の学び方を学ぶ「ラーニングⅡ」の二つが内在している。ベイトソンは、さらに「ラーニングⅠ」は可視的であるのに対して、「ラーニングⅡ」は不可視であることに言及している。「ラーニングⅠ」は、どう学ばれたかが見えるし確認することもできる。しかし「ラーニングⅡ」は外からは見えないし、確認することも不可能である。私に一次関数とグラフを教えた教師は、私がデカルトを読んで感動していたことを知る由もなかった。

ベイトソンが議論しているのは「ラーニングⅠ」と「ラーニングⅡ」のどちらが学びにとって本質的かという問いである。もちろん「ラーニングⅡ」である。「ラーニングⅡ」を学ぶことなしには、あらゆる数学（教科）の知識は、雑多な無意味な知識の寄せ集めでしかないだろう。因数分解にしても、二次方程式にしても、微分積分にしても、そのまま生活で使うことはないからである。

このベイトソンの議論は、これまでの学校教育に根本的な問いを投げかけている。これまでの授業は、膨大な量の知識の学びを「ラーニングⅠ」として組織してきたが、その学びの本質である「ラーニングⅡ」の学びを実現してこなかったのではないだろうか。

　そうだとすれば、どのようにして「ラーニングⅡ」の学びを授業において実現することが可能なのだろうか。そのヒントは、ベイトソン以外の先人の中にも見出すことができる。ニュー・カリキュラム（カリキュラムの現代化）のリーダーの一人であり、『ＢＳＣＳ』（生物教科書）の開発を担った教育学者ジョセフ・シュワブは、その一人である。シュワブは教科の知識の構造をその知識の内容の構造（「実質的構造」）と知識の認識と表現の構造（「構文的構造」）の二つに分け、「構文的構造」こそが教科の知識の本質であると提唱していた。（彼は教科（学問）の内容を「of の知識」、教科（学問）の性格を「about の知識」とも表現していた。）そして、この「構文的構造」の学びを「探究学習」として提唱していた。シュワブの「探究学習」こそが、ベイトソンの提唱する「ラーニングⅡ」の学びを実現する方法と言えるだろう。

真正の学びへ

学びの共同体の改革における「真正の学び（authentic learning)」は、ベイトソンの提唱する「ラーニングⅡ」の学びを想定して提示した概念である。ジャンプの課題による探究的な学びが「ラーニングⅡ」を可能にし、「真正の学び」を実現する。

しかし、その意義が一般の教師によって認識されているとは言い難い。ほとんどの教師は、授業の目的を知識の「理解」（ラーニングⅠ）に求め、「探究」（ラーニングⅡ）には求めてはいない。その結果、授業の学びの時間と活動の大半は「理解」におかれ、「探究」は軽視されている。

学びの共同体の授業においては「理解」を「共有の学び」、「探究」を「ジャンプの学び」として一つの授業を二つのステージで組織する実践を展開してきた。とはいえ、まだ多くの教師は「理解」を中心に授業を行っているため、学びのデザインとしては「ジャンプの学び」を準備しながらも、「時間切れ」になって「ジャンプの学び」を不十分にしか行えていない授業は多い。今後、「理解」と同様、「探究」の意義をいっそう認識する必要がある。たとえ正解にいたらなくとも「探究」を行うこと自体が、学びにとって本質的に重要なのである。

この数年の学びの共同体の改革において顕著なことの一つは、「探究の共同体」が多くの学校で実現していることである。「探究の共同体」が成立している学校の教室では、どの子どもも探究的な学びが大好きであり、聴き合う関係を基礎とする協同的な学びの達人になっている。「理解」と同様、「探究」それ自体が子どもたちの学びの中心になっているのである。そのような学校が全国各地に誕生していることは喜ばしい限りである。「探究の共同体」の実現は、国内よりも国外の学びの共同体の改革においていっそう進展していることも、近年の特徴である。足利市北中学校の訪問と前後して、台湾の苗栗市の小学校、中国の福建省厦門市の小学校と中学校、北京市の小学校と中学校と高校、重慶市と湖南省株洲市の小学校を訪問したが、どの学校においても「探究と協同」による「真正の学び」が見事に実現していた。その前に送付されてきた韓国の中学校の授業も同様であった。

第４次産業革命によって、現在の仕事の49％が人工知能に代替可能になる（野村総研推定）時代である。「創造性」と「探究」と「協同」の学びを遂行できる子どもだけが将来を担うことができるだろう。学びの共同体の授業と学びの改革が担う使命は大きい。（なお、ベイトソンは晩年、学問探究の枠組みそれ自体を問い直す「ラーニングⅢ」の必要性も提示しているが、これについては別途論じたい。）

プランからデザインへ

授業づくりのレトリック

学びの共同体の授業づくりの特徴は、「学びのデザイン→授業→学びのリフレクション」のサイクルで創意的な授業研究を行っていることにある。通常の授業研究の「指導案（プラン）づくり→授業→検証（評価）」とはレトリックを異にしている。「プラン」から「デザイン」への転換がはかられているのである。この転換は、何を意味し、授業と子どもの学びにどのような変化を生み出しているのだろうか。

まず「プラン」と「デザイン」の原理的な違いを明確にしておこう。「プラン」は実践に先立って決定されているが、「デザイン」は実践の過程で修正され変更される。「デザイン」という概念は、芸術においても工学においても社会制度においても使われる多義的な

塩竈市第二中学校の学びの共同体。

言葉であるが、その本質は「状況との対話（conversation with situation）」にあると言ってよいだろう。（ドナルド・ショーン）それだけではない。「プラン」は対象を統制する志向性をもっている。たとえば、授業における指導案（プラン）づくりは、子どもと教材を統制する欲望によって成り立っている。しかし、「デザイン」は「状況との対話」であり、「プラン」とは異なる対象との関係を生み出している。「学びのデザイン」によって授業づくりを行っている教師は、子どもと教材を統制しようとするのではなく、子どもを活かし教材を活かし自らも活かすことを追求している。「プラン」と「デザイン」は、授業実践において まったく異なるレトリックによって貫かれているのである。

学びの共同体の授業において「共有の学び」（理解中心）と「ジャンプの学び」（探究中心）の二つのステージで学びをデザインすることは、どの学校においても授業と学びの創造性を創出する方略として定着している。近年は、「探究と協同による質の高い学び」の実現が、多くの教室でこの二つのステージによる学びのデザインによって実現している。そのような学びのデザインの実例を紹介しよう。

２０１９年7月11日に訪問した宮城県塩竈市第二中学校の提案授業「世界の宗教と人々の暮らし」（春原《すのはら》圭佑指導・1年）は、「学びのデザイン」によって探究と協同による質の高い学びを実現した典型の一つである。塩竈市では5年前から教育委員会のリーダーシップのもとで学びの共同体の改革を市内すべての小中学校で取り組んできた。この日の研究会も第二中学校区の「小中一貫教育」の公開研究会として開催され、市内各地の教師たちが提案授業を多様な視点で観察し、教室の学びの事実から学び合う研修が実現した。

実践事例の具体

春原さんは、彼が10年前に青年海外協力隊で滞在したスリランカの僧院での写真を提示することから授業を開始した。スリランカの僧院では「遊んではならない」「スポーツをしてはならない」「恋人をつくってはならない」などの戒律があるという。春原さん自らの体験を記録した写真なので子どもたちの関心も高い。この3分の導入の後、「共有の学び」として世界の主な宗教の種類とその地域についてマッピングを行う「共有の学び」のグループ学習へと入った。

中学1年だから入学して3か月ほどだが、小学校でも「学びの共同体」を経験しているから、どの子どももも学び合いが大好きで学び上手である。特に男女の関係が親密で、女子生徒たちの男子生徒たちへのケアの関わりは絶妙である。子どもたちは教科書と資料集を丹念に調べながら、キリスト教はヨーロッパと南北アメリカ、イスラム教は北アフリカ、西アジア、東南アジア、仏教は東アジアと東南アジア、インドはヒンドゥー教、ユダヤ教は……というように宗教の多様な種類とそれぞれが流布している地域についてノートにマッピングする活動が行われた。どのグループもつぶやきとささやきの中で学び合いが遂行され、夢中になって取り組んでいる。

授業を開始して約20分後、全体で「共有の学び」の概括を行ったうえで「ジャンプの学び」の課題が提示された。「サウジアラビアのマクドナルドは一日5回閉店にすること」「インドのマクドナルドのメニュー」「サウジアラビアのスターバックスのロゴマーク」を写真で印刷したワークシートを配布し、なぜ日本のそれらのショップと違っているのかを探究する課題である。子どもたちはワークシートを受け取ると、いっそう夢中になり、教科書と資料集を子細に読み取りつつ疑問や気づきを交流して探究し合う学びが展開された。

そして、イスラム教では一日5回の礼拝が義務づけられていること、インドのマクドナルドのメニューでは牛肉はまったく使われず、チキンとフィッシュの料理になっていること、スターバックスのロゴマークでは女神セーレーンが図案になっているが、サウジアラビアではイスラム教が偶像崇拝を禁じているため、ロゴマークでは女神は消され王冠だけが記されていることを子どもたちは読み解いて、その発見をワークシートに記述している。

この授業は「プラン」ではなく「デザイン」によって実践されていた。事実、春原さんは、「ジャンプの学び」を7度も創り直して授業を行っていたし、授業中、宗教的な行事や祭りの具体的なイメージを喚起するスライドを多数準備し、子どもの疑問や学びの必要に応じて選択しながら提示していた。

子どもたちの学びも「プラン」の思考ではなく、「デザイン」の思考で遂行されていた。グループ内における資料の探索や意味づけ、多様な思考の練り合わせなど、「デザイン」の特徴が随所に見られた。「デザイン」の思考によって、この授業はマクドナルドやスターバックスの小さな国際比較によって、宗教と文化と暮らしの深い結びつきを探究的に学ぶ授業を実現したのである。

なお、この教室のグループ活動におけるケアの関わりは素晴らしかった。私の間近のグループは、この教室で最も学びを嫌がっている圭太（仮名、以下同様）、少し大柄で包容力のある女の子の麻耶、小学校の時は不登校だった達也、利発で少しきつめの茉莉の4人であった。この日、圭太は麻耶の優しい援助と厳しい監督（？）のもとで他の誰よりも熱心に学びに取り組んだ。それを茉莉は「（多くの先生が見ている）今日だけ頑張ってもダメよ」と脇で笑いながら茶化す。すると圭太はむきになって「いつも頑張ってるよ」と反抗する。それを見ていた達也は愉しそうに笑い、最初は一人距離をとって座っていた椅子を近づけてくる。その瞬間を逃さず、茉莉は達也の学びを援助し、どんどん達也はグループ内に入ってきて、茉莉と顔も肩もくっつきそうにして学びに専念している。そして終わりごろには達也が率先して対角線の圭太の学びを援助し、終わりには4人で笑顔を交わし合いながら圭太の学びを中心に探究的学びを行っていた。

デザインとしての学び

学びそれ自体と「デザイン」の結びつきも深い。そのことを指摘し続けてきたのが「デザインとしての知識（knowledge as design）」の提唱者であるハーバード大学のデーヴィッド・パーキンスである。彼は6年前に東京大学で開催された私との対談のシンポジウムで、「デザインとしての知識」の概念は、創造的思考と創発的学びの推進力になることを主張していた。

「プラン」から「デザイン」への転換がもたらすもう一つの重要な意義を論じておこう。「指導案（プラン）づくり」から「学びのデザイン」へと転換することによって、授業の世界も大きく転換する。あらゆる「プラン」を先導しているのは「目標」（objective）である。あらゆる「プラン」は「目標」を達成するための「プラン」なのである。したがって、「プラン」の思考で実施される授業の研究は「目標―達成―評価」のレトリックで遂行される。

しかし、「学びのデザイン」による実践は「目標」が先導しているわけではない。芸術においても建築においても授業においても「デザイン」を先導しているのは「ヴィジョン」である。「学びのデザイン」によって授業を行っている教師は「目標」の達成を追求しているのではなく、学びのあり方の「ヴィジョン」の実現を追求している。したがって、「デザイン」の思考における授業研究は、「目標―達成―評価」のパラダイムではなく、「デザイン―実践―リフレクション」のパラダイムで遂行されている。学びの共同体の改革における授業研究は、授業と学びの革新という「ヴィジョン」によって先導されており、「デザイン―実践―リフレクション」のサイクルによって専門家の学びの共同体（同僚性）を築いているのである。もちろん、学校は制度であり授業もシステムであるから「目標―達成―評価」のパラダイムの枠をなくしてしまうことは不可能だが、その枠を内破する創造的な実践と研究を「デザイン―実践―リフレクション」によって実現することは可能である。

さらに言えば、「目標―達成―評価」の枠組みは、ハンナ・アレントが名著『人間の条件（The Human Condition, 1958)』で述べた人間の三つの活動生活のうちの労働（labor）、仕事（work）に対応しており、もう一つの活動（action）には「デザイン―実践―リフレクション」のレトリックが対応しているとも言えるだろう。アレントにとって活動(action)は、コミュニケーション行為による社会的・文化的・政治的活動であり、人間にとっては労働や仕事よりも価値の高いものとされている。授業と学びは労働にも仕事にもなりうるが、より創造的価値の高い活動（社会的・文化的・政治的活動）にもなりうるのである。その道を「プラン」から「デザイン」への転換は準備している。

探究と協同の学びの創造
―歴史の学びをデザインする―

歴史学習における学びのデザイン

学びの共同体の改革の近況において顕著なことは、ジャンプの学びのデザインによって探究と協同の学びが積極的に推進されていることである。探究と協同は一つのセットとして認識する必要がある。思考は一人でも成立するが、探究は協同においてでしか成立しない。探究は多様な思考の総合であり統合であるからだ。他方、探究のない協同は学びにおいて無意味である。いくら協力し協同しようとも、その協力と協同によって探究が創造的に実現しなければ、その協同の教育的な意味はないからである。したがって、探究と協同はひとまとまりのものとして追求されなければならない。

この探究と協同の学びの典型ともいえる授業を、２０１９年9月18日に訪問した三重県南牟婁郡紀宝町井田小学校（石谷正秀校長）の6年生の教室で参観した。授業者は岩本拓志さん、これまでも算数、文学、美術の授業を参観してきたが、学びのデザインと協同的学びの組織において卓越した授業を創造し続けてきた。前年参観した歴史の授業「平城京の人々と暮らし」も圧巻だった。〈共有の学び〉で教科書の挿絵と資料集を使って「平城京の暮らし」のイメージをワークシートにまとめたのち、一つの資料が配られて〈ジャンプの学び〉へと移行した。

子どもたちに配布されたのは正倉院宝物「長屋王家木簡」6枚の裏表の漢文原史料。これを解読するのが〈ジャンプの課題〉である。この課題が提示されたときは、参観している私も驚愕した。専門家が何年もかかって解読した木簡を小学6年の子どもたちが解読できるだろうか。その驚愕と心配は、漢和辞典を片手に夢中になって学び合う子どもたちの姿によってかき消された。岩本さんは子どもたちが学び上手に育っており、グループによる協同と探究によって、これぐらいの課題は達成すると見込んでいたのである。この見込みは的中していた。30分余り夢中になって学び合った子どもたちは、6枚の木簡の裏表をほとんど正確に解読し、平城京の人々の暮らしをドキュメンタリーのように蘇らせたのである。その記憶が鮮やかに思い起こされる。

この日の授業は「黒船の来航」であった。社会科の授業は課題と資料が決め手である。

探究と協同の教室風景。

社会科の学びは、課題と資料によって8割が決定されると言ってよい。そのことを熟知している岩本さんは、本時のテーマを「アメリカが日本に開国を迫った背景と目的を、世界の動きとのかかわりから考える」とし、〈共有の課題〉として「なぜ、アメリカは日本に開国を迫ったのか。アジア情勢やフィルモア大統領国書などからその目的を考える」、〈ジャンプの課題〉として「日米和親条約の締結が両国にどのような影響を与えたか。条約文から考える」を設定した。

〈共有の課題〉のために配布した資料は、「19世紀前半の列強とその領土（アジア地域の地図）」「アメリカの領土拡大の地図（イギリス領、フランス領、スペイン領、を示す地図と併合の年)」「幕末の外国船来航の年表」「ペリー来航の航路図」「アメリカの捕鯨のイメージ図」「アメリカ捕鯨航海域の拡大（地図と年号)」「アメリカ鯨油の生産量・輸入量・流通量（5年期別の棒グラフ)」「アメリカと清の貿易（品目と金額の年次変化の棒グラフ)」の8種類の資料および「フィルモア大統領の国書(英文原資料のコピーと翻訳文)」であり、〈ジャンプの課題〉のために準備した資料は「日米和親条約（条約文と和文)」である。

探究と協同

教室に入ると、休憩時間に歴史事項のカードを使ってペアで復習を行っていた。その様子を見るだけで、この教室の子どもたちが学び上手に育っていることがわかる。このクラスは、他校に異動したベテランの寺本真奈美さんが育てたクラスであり、4月からは教職3年目の馬場彩華さんが引き継いで育て上げてきた。同校は、すべての教室で探究と協同の学びが前進しているが、6年生は協同の学びが最も洗練されている。このクラスであれば、どんな高いレベルの課題でも歓んで探究的に学ぶに違いない。

チャイムが鳴ると、岩本さんは黒板にペリーの写真と課題を書き、8種類の資料を印刷したプリントを各自に配布し、授業開始3分後には、〈共有の学び〉のグループ学習へと移行した。無駄のない鮮やかな導入である。子どもたちも素晴らしい。グループ活動に入ると、どの子も八つの資料を食い入るように読み、色鉛筆やマーカーでそれぞれの資料に書き込みを入れている。約5分後、それぞれのグループでつぶやきの交流が起こり、それらのつぶやきが集積して対話的な探究へと進展した。それぞれのグループで交わされるつぶやきの交流に耳をすますと、「なぜ、クジラなのか」「なぜ、ペリーは太平洋航路ではなく、7か月もかかって大西洋から喜望峰をまわり日本に来たのか」「このころ、清とアメリカはどういう関係だったのか」など、黒船来航の背景とアジア情勢とを結びつける本質的な探究があちこちで起こっている。

約10分のグループ活動の後、岩本さんは全体へともどし、子どもたちの発見や思考をつなぐ活動へと入る。最初に発言したのは、康太（仮名、以下同じ）である。康太はアメリカの捕鯨場所が、大西洋から南アフリカ海岸とアフリカ海岸、さらに太平洋へと変化しているのに注目し「クジラは頭がいいから逃げて追いかけたのではないか」という。この紀宝町と捕鯨で有名な和歌山県の太地とは近い距離にある。この紀南でもスーパーでは必ず鯨（イルカ）の肉が売られている。その紀南の子どもらしい発言である。それを受けて、隆司は「イギリスは帝国で……」とイギリスとの対抗関係にあったアメリカの地政学をとりあげる。さらに瑠美は「清はイギリスに圧迫されていて……」と語り、芳樹は「日本は『黄金の国』と言われてきた歴史があるから、アメリカは日本と手を結びたかったのでは……」と語る。

これらの発言は、いずれも核心をついている。捕鯨の目的は、産業革命によって工場労働が拡大し、夜も労働者を工場で働かせるためのランプの油として鯨油が使われていたからである。当時、近代化も産業革命も後発国であったアメリカにとって捕鯨の拡大と輸出は何よりも重要であり、アジア地域に通商の拠点を設けることは必須の外交政策であった。

ここで岩本さんは、〈共有の学び〉の後半の活動の資料として「フィルモア大統領の国書」の英文原文のコピーを黒板に掲示し、そのプリント（表）と翻訳文（裏）を配布して、この国書に記されている黒船来航の目的を探究させることとした。

2回目のグループ活動に入った子どもたちは、それから約15分間、この国書を資料とする探究活動へと入った。どの子も国書の文章にアンダーラインを引いたり書き込みを行って、つぶやきの交流から協同的な探究へと移行した。子どもたちはいっそう夢中になって学び合い、探究も深まりを示している。

岩本さんは、この探究をひととおり行ったうえで、〈ジャンプの学び〉として「日米和親条約」を資料とする探究活動へと移行する予定であった。ところが、その後は、岩本さんの予期せぬ展開へといたる。

ジャンプによる探究の学び

「フィルモア大統領の国書」において子どもたちの関心が向かったのは、黒船来航の「目的」だけではなく、国書の文体と内容に表現されている日米関係の「対等性」だった。どのグループでも、「偉大にして、良き友よ」で書き起こされる国書、文書の随所に見られる「親愛の情」に関心が寄せられていた。

そのことを察知した岩本さんは、2度目のグループ活動の約10分後、再び、全体にもどして、それらの意見の交流を行った。最初に発言した雅也は来航の目的である「石炭、食料の供給」などを指摘する発言を行ったが、そのあとに発言した俊樹が「ずっと前の授業で読んだ元寇の時の『フビライの国書』（蒙古國牒状）は戦争で脅迫していたのに、このフィルモア大統領の国書は親しみをもって友好の関係を求めている」と発言し、そのあとは、どの発言も「フビライの国書」と「フィルモアの国書」の違いについての探究へと変化した。この展開は、参観している私にとっても驚きだった。「フビライの国書」を子どもたちが読んでいたのも驚きだが、日本人が外圧の脅威に震撼した二つの事件、元寇と黒船来航を結びつけて思考する子どもたちの歴史の思考方法に感動したのである。

ここで、岩本さんは、「日米和親条約」の解読による〈ジャンプの学び〉を断念し、子どもたちが提起したフビライの国書とフィルモアの国書との違いを〈ジャンプの学び〉として採用することとした。当初、予定していた「日米和親条約」の資料は、授業の最後に配られ、次の時間にとりあげることにしたのである。

実は、岩本さんの断念は決して消極的な選択ではなかった。むしろ積極的な変更であった。この学びをデザインするにあたって、岩本さんは、黒船来航に関する最新の歴史研究（加藤祐三らの研究）を読み、軍事圧力による不平等条約という従来の通説が覆され、日米相互に親交を模索し軍事衝突も戦争も回避して締結した「和親条約」の外交的な意味を重視する認識へと変化していることを学んでいた。その新しい歴史認識への挑戦をこの授業の目的としていたからである。この点においても、岩本さんの学びのデザインとこの教室の子どもたちの協同的な探究はあっぱれである。

文学の授業における質の高い学び

学びの共同体における文学の学び

学びの共同体における文学の学びは、その質の高さを評価されてきた。その特徴は次の諸点にある。①テクストとの対話を中軸として、一人ひとりを学びの主人公とし「個と個のすり合わせ」（協同の学び）による多様な深い読みを実現してきたこと、②テクストの言葉の多義性と象徴性を尊重し、「読解」（読み取り）ではなく「読み描き」（心象風景の表象）を追求してきたこと、③テクストを「教材」（話し合いの材料）とするのではなく「ご馳走」（言葉の芸術作品）として「あじわう」（読みの快楽）学びを追求してきたことである。

このような文学の学びを成立させるために、①「主題」を追求しない、②「気持ち」を

「川とノリオ」の授業風景。

問わない、③「なぜ」と問わないことを原則としてきた。文学作品は「主題」を超えた世界を表現した「言葉の芸術」であり、読みにおいて直接的に「主題」を追求することは、心臓に手をつけるようなもので、一人ひとりの内において生起する作品世界の生命を殺しかねないからである。

学びの共同体の授業においては、登場人物の「気持ち」を問うことも避けてきた。文学が描き出している心情は、言葉で表現しえない複雑な心情であり、その心情を安易に言語化することは読みを皮相なものとし学びを浅いものにしてしまうからである。

「なぜ」と問わないことも重要である。

文学が表現している真実（内的真実）は「不条理の真実」であり、合理的な因果関係で説明できる真実ではない。「なぜ」と問うことは、作品の出来事が喚起する「不条理の真実」（生きる意味の内的真実）の多義的で深い意味を破壊する危険がある。

この三つの「禁じ手」を要請すると、ほとんどの教師は「どう教えたらいいのか、わからない」と絶句するだろう。これまでの文学の授業のほとんどは、この三つの「禁じ手」によって遂行されてきたからである。もう一度、文学の学びの原点にもどろう。文学の授業の目的は教師が解釈した「主題」を教えることにあるのではなく、登場人物の「気持ち」を理解させることでもなく、物語の出来事の因果関係を教えることにあるのでもない。子どもたちを共に作品世界が喚起する「もう一つの世界、もう一つの現実、もう一つの私、もう一つの他者、もう一つの真実」（世界と私の秘密）と出会い、その読みの多様性の「すり合わせ」（協同）によって一人ひとりの読みの「あじわい」を深めることにある。

したがって、私が提唱してきた文学の授業のアプローチは次のとおりである。まず一人ひとりのテクストの対話を学びの中軸に据える。最初の音読（あるいは黙読、書き込みも含む）は、最低でも12分以上をかける必要がある。5分程度の音読で「話し合い」に移行する授業では、言葉に繊細に触れる読みは不十分であり、一人ひとりの内側の作品世界の表象も成熟することはない。そして授業の中で、最低3回はグループ活動によって「個と個のすり合わせ」を行い、最低3回はテクストにもどす音読を入れる。これが、学びの共同体の実践における文学の授業の基本的なスタイルである。

文学における真正の学び　―実践事例―

２０１９年10月24日に訪問した西宮市甲東小学校で参観した河野寿賀子さんの「川とノリオ」（6年）の授業は、文学における真正の学びを実現した圧巻の授業だった。河野さんは同校の最年長の再任用教師、学びの共同体の実践を10余年も追求してきたベテラン教師である。作品「川とノリオ」（いぬい・とみこ作）は、川との対話をとおして戦中のノリオの感覚世界を散文詩のように描いた文学作品である。台詞は「母ちゃん」が空を見上げて小声で語る「B29……。」しかない。この日の授業は「八月六日」の場面、その日の朝早く鉄道で「ヒロシマ」に行った「母ちゃん」を川で遊びながら待ち続けるノリオの姿と、朝の「ドド……ンとひびいた何かの音」、夕暮れのまぶしい川の「赤や青の輪がぐるぐるする」光景、そして帰宅した家の「じいちゃん」と「近所の人」の「おそろしそうな、人々のささやきの声」の情況が描かれている。

4人グループの机の配置の教室で授業が開始されると、すぐにこの日の場面の音読が開始された。同校の学びの共同体の実践は10年目を迎えている。この6年生の学びの姿は素晴らしい。一人残らずテクストの言葉と細やかに対話し、夢中になって読んでいる。指名読みがくりかえされたが、そのつど一人残らず自分が指名されて読んでいるかのようにテクストの言葉と対話しながら読み進めている。

河野さんは黒板前に置かれた椅子に座ったままであり、この授業では一度も立つことなく授業が進められた。音読が終わり、「何か話したい人」と一言語ると、ほぼ全員の手があがった。最初に溝口さん（仮名、以下同じ）の発言から学び合いがスタートした。溝口さんは川に流された「母ちゃんがお米一升とかえてきた黒いゴムぐつ」は、「母ちゃん」の優しさの徴であり、前に下駄とノリオが川に流された時は「母ちゃん」が助けてくれて「おしりにおしおき」をもらったのに、今度は「黒いゴムぐつ」は流されて帰らず「おしりのおしおき」の愛情ももらえないと語った。その言葉を受けて、河野さんは吉井君にその部分の音読を促す。すると、陳君（中国籍）が前に「父ちゃん」が出征した時、「赤とんぼ」が「川の上をどこまでも飛んで行った」時の「赤とんぼ」が「父ちゃん」に置き換えられていたのと同じように「黒いゴムぐつ」が「母ちゃん」に置き換えられていると指摘する。

続いて向井君が、夕暮れにノリオの見た「赤や青の輪」の「赤」は「母ちゃん」との幸福な思い出、「青」は不幸な思い出を示しているのではないかと語り、ここでも河野さんは吉田君、次に西本君を指名して、その前後の文章を二度音読させて、グループで読みのすり合わせを行っている。その後、桂木さんが、この「赤」は、その朝、ノリオが聞いた「ドド……ン」という響きの空の色、「青」は、その数ページ後に書かれている「じいちゃん」が「母ちゃん」を探してヒロシマで見た「死がいから出るリンの火」が「幾晩も青く燃えていた」ところの「青」につながっているのではないかと発言する。そこから河野さんは、この時、ノリオは「母ちゃん」の死をわかっていたのかいないのかと問いかけている。グループでそれぞれの読みを交流した後、藤田さんがノリオが帰宅した時「母ちゃんはもどってはいなかった」と書いてあるので、まだ生きていると思っていたと語り、同じ文章から伊藤さんは「母ちゃん」の死の予感をノリオは感じたという。その対立したイメージを河野さんがグループで考えさせると、近藤君はここまでノリオは「川の声」を聴いていたが、この日、川はノリオに何も声をかけていないことを指摘し、2歳のノリオは「何もかもがこんがらがっていて」、そもそも戦争も死も何もわからない中での出来事だったという。

これらの発言は、そのほとんどが、「○○ページの○段落で……、○○ページの○段落に……と書いてあるから……」と語られ、文章の言葉に即して語られている。文章の言葉の含みを感じ取り、文章の言葉と言葉のつながりからイメージを膨らませる子どもたちの読みの深さは驚嘆すべきである。そういう学びを河野さんの授業は実現していた。

事例から学んだこと

授業後の協議会では、河野さんの一人ひとりの学びをつぶさに省察するまなざしと一人ひとりのつぶやきを聴き取る耳の素晴らしさが称賛された。そして子どもたちの学びの自然なつながりと、その読みのすり合わせの絶妙さも指摘された。まったく同感である。

文学の学びは、テクストの作品が7割を決定すると言ってよいだろう。「川とノリオ」は同校の教科書には掲載されておらず、河野さんが持ち込んだ作品である。「川とノリオ」は児童文学の最高傑作であると私は思う。その選択の確かさがこの授業を支えている。

学びのデザインも見事である。この授業において河野さんは、「音読を中心に進める」こととし、最初の音読に7分、その後の授業の中で合計8回該当箇所の音読を促し、45分の授業のうち、20分以上を音読に充てていた。一人ひとりのテクストとの対話が授業の中軸をなしていたのである。これは文学の真正の学びにおいて基本中の基本というべきだろう。

読みにおいて「個と個のすり合わせ」を行う協同の学びの組織も秀逸である。この授業において、河野さんは、グループでの学び合いを5回行っている。そのたびに、一人ひとりが学び（読み）の主人公となって、それぞれの読みを深めている。個の学びとグループでの学び合いと全体の学び合いが有機的につながり、この授業の自然な展開と学びの深まりを可能にしている。

この授業で河野さんが行ったもう一つの役割は、学びのステージの設定である。この授業は川に流れた「黒いゴムぐつ」、ノリオが夕暮れに見た「赤や青の輪」、そして、もどってはこなかった「母ちゃん」の死の予感という三つのステージで学びが構成されていた。その三つのステージを河野さんは提示していた。文学の学びは深く豊かである。その典型の一つを河野さんの実践は提示している。

この日、甲東小学校は学びの共同体の改革を開始して10年目を迎えていた。この授業は、「自分らしい授業」づくりを求めてきた同校の同僚性と一人残らず「学びの主人公」に育ててきた協同的学びの成果と言えよう。

卓越した学校の成立
―学びの共同体における卓越性の意味―

はじめに

２０１９年11月中旬から12月中旬の１か月間に訪問した学校、茅ヶ崎市浜之郷小学校、中国安徽省合肥市の一六八薔薇園小中高校、北京市豊台区第五小学校、京都教育大学附属桃山中学校、群馬県渋川市赤城北中学校、堺市大仙小学校、栃木県下野市国分寺中学校、大阪府東大阪市金岡中学校、同市長瀬北小学校、神戸市丸山中学校、広島市祇園東中学校は、いずれも学びの共同体の三つの哲学、「公共性の哲学（public philosophy）」「民主主義の哲学（philosophy of democracy）」「卓越性の哲学（philosophy of excellence）」の実践としてめざましい前進を遂げていた。特に5年以上改革を持続してきた学校は、上記の学校にとどまらず、どの学校も「卓越性の哲学」において驚異的な前進を達成しているのが、近年の特徴である。具体的に言えば、それらの学校においては、子どもたちが一人残らず夢中になって質の高い探究的で協同的な学びを遂行しており、教師たちも一人残らず、「教える専門家」としてではなく「学びの専門家」（学びのデザインとリフレクション）として成長している。すなわち、学びの共同体のヴィジョンが、学校文化として根ざし開花しているのである。

これらの学校を訪問すると、学びの共同体の改革における「卓越性」の意味を具体的に知ることができる。教育改革において「卓越性」の追求が主題化され始めたのは、約40年前である。レーガン大統領の改革提言『危機に立つ国家』（A Nation at Risk, 1983）がその嚆矢であった。そこで言われた「卓越性」は「競争力」を意味していた。この「卓越性」の意味は、市場競争を基盤とする通常の用法と言っていいだろう。通常、「卓越した学校」とは生徒や保護者の人気においても進学実績においても「競争力」のある学校を意味している。

そこから「卓越した学校」の第二の意味が生まれる。『危機に立つ国家』が公表された１９８３年以降、「卓越した学校（excellent school）」を追求する学校改革の運動が展開された。その代表的な運動の一つが、１９８０年代から２０００年代にかけて普及した「効果のある学校（effective school）」を追求する改革である。この改革運動は、貧困地域の困難校を教育効果を高める学校へと改革する運動であり、その特徴は「学力向上」を効果的に達成する学校の「卓越性」を追求した点にある。この意味における「卓越性」は「教育効果」の優秀さを意味していた。

これら二つの「卓越性」の追求と、学びの共同体の改革における「卓越性」の追求とは明らかに異なっている。学びの共同体の改革において追求されている「卓越性」は「競争力」における卓越性でもなければ、「教育効果」（学力向上）の卓越性でもない。とすれば、学びの共同体で追求している「卓越性」はどのような「卓越性」なのだろうか。そして「卓越した学校」は、どのような学校を意味しているのだろうか。

卓越性の追求

なぜ、学びの共同体の改革の哲学として「公共性の哲学」「民主主義の哲学」と並んで「卓越性の哲学」を掲げたのかと言えば、卓越性の追求なしには授業も学びも十全な成果をもたらすことができないからである。授業も学びも絶えず「最高のもの」を追求しなければ十分な成果を期待することはできない。子どもたちも教師も「ベストを尽くす」ことが必要なのである。さらにもう一つの意図がある。私は経済的に困窮した地域の「困難校」か

広島市祇園東中学校の教室風景。

らの依頼に積極的に応えてきた。そこで直面したのは、教師の子どもの見方における根深い差別の現実であった。通常、経済的に富裕で恵まれた学校において低学力の子どもがいると、その原因はその子の「努力不足」に求められるが、貧困地域において低学力で学びを放棄した子どもの原因は「家庭の背景」に求められている。子どもの学びの見方にもこの差別は作用している。富裕な地域の子どもは低学力の要因を「努力不足」に求めているが、貧困地域の子どもは低学力の要因を「能力の欠如」と見ている。どちらも誤った考え方なのである。貧困地域であろうが富裕地域であろうが、低学力や学びからの逃走の中心的な要因は、教師の授業も子どもの学びも「最高のもの（ベスト）」を追求していないからであり、そのための手立てを怠っているからであろう。

さらに卓越性の追求は、学びの質を高めるうえで、決定的に重要である。通常の学校における授業（学び）のレベルは低すぎる。45分（50分）の授業において、通常、30分も過ぎれば3分の2の子どもたちはわかっていて学びを終えており、3分の1の子どもはわからないまま学びをあきらめている。この現実を転換する必要がある。45分（50分）の最初から最後まで一人残らず「全力疾走」で学びを遂行する授業を生み出す必要がある。これを実現するのが〈共有の学び〉〈教科書レベルを理解する学び〉と〈ジャンプの学び〉〈教科書レベルを超える探究の学び〉の二つのステージで学びをデザインする授業づくりであった。この授業づくりを支えているのが「卓越性の哲学」なのである。

学びの共同体の改革において実現している「卓越した学校」は、したがって、次の特徴で表現することができる。

●一人残らず子どもの学びの権利が実現し、質の高い学びが教師と子どもの双方において追求されていること。

●聴き合う関係を基礎として「探究と協同の学び」がどの授業においても実現し、子どもたちが一人残らず授業の最初から最後まで「学びの主人公」として夢中になって学び合っていること。

●教師たちが「教える専門家」ではなく「学びの専門家」として成長し、学びのデザインとコーディネーション（協応：聴く・つなぐ・もどす）とリフレクション（省察）において卓越した専門性を発揮していること。

●学校と教室の文化が〈競争の文化〉から〈協同の文化〉へと転換し、子どもの間にも教師の間にも〈学びとケアの共同体〉が実現していること。

私は、これら四つの基準において「卓越した学校」を定義し、その教育の「卓越性」を表現している。驚嘆すべきことは、この意味における「卓越した学校」が、ヴィジョンにとどまらず、多くの学校で現実のものとして実現していることである。

子どもへの信頼と尊敬

私の訪問する学校は年間、国内で約40校、海外約7か国40校ほどであるが、新しく改革を開始する学校以外は、ほとんどが前記の卓越した学校の要件を充たす学校へと発展している。私が引き受ける学校の多くは、県内、市内で最も困難な学校なのだが、その学校が1年も経たないうちに問題行動はゼロになり、一人も差別しない、排除しない、一人も独りにしない学校へと変容し、すべての子どもが学びに没頭し学びに希望を見出す学校となり、2、3年も経てば、県内、市内のトップレベルの学力を達成する学校へと変化する。なぜ、このような奇跡のような出来事が実現するのだろうか。私自身、研究と理論において、そうなるとわかっていても、卓越した学校へと変容した事実を目の前にすると、いつも驚嘆し感動するのである。特に、近年は、改革を5年以上持続した学校の教室は「学びの共同体」から一歩進んで「探究の共同体」へと発展しているのが特徴的である。

学びの共同体の改革は、授業や学びや教師の研修や学校経営の「改善」ではなく「革命」であり、改革の処方箋ではなく「ヴィジョン」と「哲学」と「活動システム」のトータルな理論的・思想的実践である。教師にとっても校長にとっても子どもにとっても最も困難な改革と言ってよい。その改革に挑戦する学校は今や国内で3千校近くに達し、改革の拠点になっているパイロット・スクールは300校に達し、それらのパイロット・スクールは年間に1千回を超える公開研究会を各地で開催している。諸外国における普及は、もっと劇的でありダイナミックである。

卓越した学校の実現を目の当たりにして、いつも思うことは学びの共同体の改革の原点となる核心がどこにあるのかという問いである。それは子どもへの信頼と尊敬、同僚への信頼と尊敬なのではないだろうか。教育は子ども同士、教師同士、子どもと教師の間の信頼と尊敬がなければ成立しない事業である。そして、学校の改革において、最も困難なことは、この信頼と尊敬の関係を校内に築き上げることだろう。そこに文化の政治学としての教育の中心問題がある。教師たちが子どもの尊厳を受容し、一人残らず子どもを信頼し尊敬することから出発しない限り、子どもたちが教師を信頼し尊敬する関係は成立することはない。つまり子どもへの信頼と尊敬に教育の政治学（権力関係）の変革の核心がある。教師間の同僚性についても同様である。

卓越した学校を訪問すると、子どもたちの学びとケアの素晴らしさに何よりも感動する。そして、それを省察し質の高い学びをデザインし学びに寄り添って協応している教師たちの姿に感動する。なぜ、このような卓越した学校が、学びの共同体の改革において実現するのか。その秘密は現在の教育学研究や哲学研究の最先端の理論においても未知の事柄が多い。学びの共同体の改革は研究と理論と哲学による実践であるが、実践が研究や理論や哲学よりも先行しているのである。そこに子どもの学びの素晴らしさと学びの可能性があり、教職の素晴らしさと希望がある。

子どもを信頼し尊敬すること

奇跡的成功の要件

学びの共同体の改革を推進する学校では「奇跡的」とも呼べる成功が実現する。この半年に限定しても、県内で最も困難で最低の学力であった小学校が県内トップの小学校へと変貌した事例、これまで学力テストの水準が各教科で全国平均を15点以上下回っていた中学校が各教科15点以上も全国平均を上回った学校、教室を飛び出してしまう子どもたちが10人以上存在していた学校が一人残らず学びに夢中に参加するようになった学校、事故件数（対人暴力・器物破壊）が年間２００件近くも存在した学校が0件になった学校などの報告を受けている。これら「奇跡的」な成功を目の当たりにした教師たちは、「学びの共同体は『ゴッド・ハンド』『ミラクル・ハンド』を持っている」と語る。しかし、その解釈はまちがっている。学びの共同体の改革のヴィジョンや哲学や活動システムが「ゴッド・ハンド」や「ミラクル・ハンド」を持っているのではなく、子どもたちや教師たちが「ゴッド・ハンド」「ミラクル・ハンド」を持っているのである。学びの共同体の改革は、それらの潜在的可能性を引き出し実現させたにすぎない。

その秘密は、「尊厳（dignity）」「信頼（trust）」「互恵（reciprocity）」「共同（community）」の四つの倫理的規範にある。この四つは学びの共同体の実践の「宝物」だと思う。その中でも、子どもの個人としての尊厳、学びの尊厳、教職の尊厳など、「尊厳」の意義は大きい。学びの共同体の教室を訪問すると、一人ひとりの子どもと対等な目線になるよう座り込み、子どもの言葉に耳を傾けて学びを支える教師たちの姿を見ることができる（142ページの写真参照）。この風景は、子ども一人ひとりの個人の尊厳と学びの尊厳を端的に象徴している。このような教師の関わりが生まれることによって、子どもたちはどの子どもも心を開き、いくつもの壁を越える学びを実現するのである。

「尊厳」という言葉（dignity）は、中世ヨーロッパにおいて王のデスマスクを意味していた。中世において死後デスマスクをつけることは、王だけに許された特権であった。「尊厳」は王の「至高（supreme）」の特権を意味していたのであり、フランス革命によって、この特権が民主化され、一人ひとりの個人に賦与されたのである。学びの共同体の改革は、この革命を教室で実現している。

子どもを尊敬するということ

子どもと学びに対する「尊厳」の思想は、信頼と尊敬の関係を実現する。教育という営みは、教師と子どもとの間に信頼と尊敬の関係が築かれなければ成り立たない営みである。子どもからの信頼と尊敬がなければ教師の仕事は成り立たないし、子どもからの信頼と尊敬をのぞまない教師はいないだろう。しかし、そこには非対称な権力関係が生じている。どの子どもも信頼し尊敬する教師を希求しているのに対して、すべての教師たちが子どもを信頼し尊敬しているわけではない。子どもから信頼され尊敬されるためには、その前提として子どもを信頼し尊敬しなければならないのだが、その前提が教師たちに共有されていないのである。特に、子ども一人ひとりを尊敬し子どもから学ぶことが教室において、どれだけ実現しているだろうか。この問いは、教育にとって最もラディカル（根源的）な問いである。教育者自身が教育されねばならないのだ（マルクス）。

私の個人的なエピソードをいくつか紹介しよう。ある最も困難な学校とされていた小学校を訪問した時の体験である。2年生の教室で「ジャンプの課題」として□9つだけで表された引き算の式に、1から9までのカードをあてはめて数式を成立させる学びが行われていた。2年生なのでペア学習の学び合いである。どのペアも夢中になって学び合っているのだが、一つのペアだけが二人とも白紙のままで何も行っていない。気性の激しい優奈（仮名、以下同様）がふくれ顔でふんぞりかえっており、ペアの優斗はその優奈の強さに負けてなすすべを失っていた。もうあと3分で授業は終了するので、通常は授業に介入することはないのだが、見るに見かねて優奈のもとに立て膝で座り「どこまでわかったの？」と尋ねてみた。すると優奈は「あのなあ、おっちゃん。こんな問題な、百万年考えてもわからへんで」と、堰を切ったように語りかけてきた。私は、意表をつく言葉にぷっと吹き出してしまったが、「すごいことを考えて言えるねえ。言葉の達人だわ」と応答した。この私の応答はそのまま私の感動の言葉である。この子はすごい可能性を秘めた子どもだったのである。

もう一つ、別のエピソードを紹介しよう。やはりかつては地域で最も困難とされていた中学校の1年生の数学の授業である。この1年生の教室には、小学校4年以来、学級を崩壊させ続けてきた一人の男の子、祐樹がいた。中学校に入学しても半年間、授業中、大声で妨害を続け、一度も学びに参加したことがないという。教室を訪問すると、確かに祐樹は教科書もノートも筆箱も机には出さず、配られたワークシートも裏返しにしたままで、あちこちの男の子や女の子と大声を交わして授業を妨害し、学びに参加する気配はない。この教室への訪問は最後だったので残り時間は5分、ここでも祐樹の傍らに座って「どこがわからなかったの？」と語りかけてみた。その途端、祐樹の斜め前の康人、彼は私を見つけて「アインシュタインだ」と騒いでいたのだが、その康人が私に「アインシュタイン、こいつに何を話しても無駄やで。俺はこいつの4年生から知っているけど、こいつが勉強しているのを見たことない」と言う。思わず「今、祐樹は鉛筆を握ったじゃないか。邪魔するのはやめて！」と叱責した。すると、その直後に、祐樹の隣の麻衣が「おっちゃん、祐樹はホンマのアホやで。何教えても、こいつはわからへんで」と言う。この言葉にも「アホかどうか、やってみなければわからんやろ、ひどい言葉はやめて！」といさめた。

この二人の言葉を黙って聞いて鉛筆を握りしめている祐樹が、私はいとおしくてならなかった。祐樹が授業を妨害し続けてきたのは、祐樹の問題ではなく、祐樹を差別し排除してきた他の子どもたちの問題なのである。その悪態をつく康人と麻衣からコンパスと定規を借りて、祐樹は明らかに解決が無理な「ジャンプ課題」に挑戦し始めた。私も可能な限りの援助を行ったが、やはり5分では何本かの補助線を引くだけで精いっぱいだった。

後ろ髪を引かれるようにして教室を出た私の背後で、教室から祐樹の大きな声が届いた。問題はほとんど解けなかったのに祐樹が「やったあ！」と歓声をあげている。ここでも私は思わず吹き出してしまった。「やったぁ、俺、やっと師匠を見つけたでぇ！」と祐樹は叫んでいたのである。さらに祐樹は廊下に飛び出して私に駆け寄り、「来年も来てくれる？」と哀願した。

子どもへの信頼と尊敬の大切さを私に教えてくれたのは、教室で出会ったこれら無数の子どもたちである。

学びの共同体はリスペクトの共同体

子ども一人ひとりの尊厳にもとづく信頼と尊敬の関係を築くことの重要性を教えてくれた契機となったエピソードについても語りたい。ある養護学校（特別支援学校）での出来事である。その養護学校に転校してきた小学5年の和人は知的発達に障碍があり、言葉は話せない。和人は、大人の誰とも関係が築けず、パニックになると破壊的・暴力的な行動で教師たちを困惑させていた。その和人が、たった一人小学2年生の妹の美憂の働きかけには何でも応じるのである。いったい、なぜ和人は美憂の働きかけには素直に応じるのだろうか。その疑問は、美憂が小学校で書いた作文を読んで氷解した。「私のおにいちゃん」という題の作文である。「私のおにいちゃんの得意なことは物を壊すことです。何でも壊

東大阪市長瀬北小学校の教室風景（本文とは関係ありません）。

してしまいます。いつもすごいなあと思っています」と書いてあった。親に何度叱られても物を壊し続ける和人を妹の美憂は尊敬のまなざしで見ていたのである。

学びの共同体はリスペクトの共同体である。一人も排除されていないし、一人も差別されていないし、一人も独りにされていない。その根底に個人の尊厳と学びの尊厳を尊重し合うリスペクトの共同体がある。

もう一つ、私の心を打った出来事を報告しよう。学びの共同体の改革を20年以上持続してきた小学校の6年の瑠奈から学んだことである。瑠奈は、この小学校の20年間で最も困難な子どもの一人だった。1年生で入学してきた時から、いたるところで泣きわめき、何を話しても聞かず、どの教師も手を焼いていた。2年生になっても3年生になっても、瑠奈の異常な行動は、子どもたちと教師たちをわずらわせた。授業中も、少しわからなくなると、すっと教室を飛び出してしまい、なかなか教室にもどってこなかった。短波放送のチューナーを合わすように、繊細な対応を必要とする子どもだったのである。その瑠奈が6年生になり、教室で参観して驚嘆した。あいかわらず低学力であるが、仲間との協同により誰よりも夢中になって学んでいる。しかも、瑠奈は昼休みには1年生の教室に出かけ、困難な子どもたちを誰よりも上手にケアしている。毎朝、瑠奈は、1年生の最も困難な子どもたち4人の手をとって通学してくるのである。その姿は尊敬に値する。

どの子に対しても「この子はおもしろい」「この子はすごい」というまなざしを注ぐこと。そこに子どもの尊厳を尊重する一歩が準備されている。教育実践は権力関係を編み直す政治的実践であるが、信頼と尊敬の政治学こそが最も難しく最も重要な政治学なのである。

21世紀型の授業の創造

二人の若い教師の授業

二人の若い教師の授業を紹介しよう。一つは、2019年12月4日に訪問した栃木県下野市国分寺中学校（石崎雅也校長）の前原詩織さんの1年「平面図形」の授業、もう一つは2020年2月5日に訪問した山口県宇部市西岐波小学校（小松茂文校長）の金山駿太さんの4年生「変化する量」の授業である。前原さんは同校は1年目だが、前任校の足利市北中学校に初任で着任して以来4年間「学びの共同体」の実践を行ってきた。金山さんも西岐波小学校に初任として着任し4年目、同じく「学びの共同体」の実践を行ってきた。この二人の授業は、若い教師たちが21世紀型の授業を自分のスタイルとして確立していることを示していて印象深かった。

宇部市西岐波小学校の授業風景。

前原さんの授業では、前時の「線対称」について簡単にグループで確認し合った後、すぐにプリントが配られ、「共有の学び」がグループごとに行われた。課題は二つである。

〈共有の課題1〉は、正方形ABCDの辺CDの中点Mに点Aが重なるよう折り曲げた図を、定規とコンパスだけで作図する課題である。〈共有の課題2〉は、90度の角度から45度の角度を定規とコンパスだけで作図する課題である。同校では学びの共同体の改革がこの数年で格段に進んでおり、1年生ではあるが探究と協同の学びがどの子にも定着している。前原さんは、子どもたちの学びを静かに見守り、時折、困難な子どもを他の子どもにつなぎながら、授業を進めていた。〈共有の課題1〉は、前原さんの予想以上に時間を費やしたが、この段階で前原さんは、二つ準備していた〈ジャンプの課題〉を一つにすることを決断している。

約25分後、ほぼ全員が〈共有の課題〉の二つを達成したので、多様な解法を発表によって確認した後、〈ジャンプの学び〉へと移行した。〈ジャンプの学び〉は、75度の角を定規とコンパスだけで作図する課題である。これは低学力の多いこのクラスには、ハードルの高い課題であった。しかし、どの子もこれまで以上に夢中になって挑戦している。グループごとのつぶやきの交流が学び合いの素晴らしさを示していた。しかし、15分経過しても、なかなか到達できない。そこで前原さんは、一度全体にもどし、75度のつくり方として150度を二等分する、45度をつくり30度を加える、60度をつくり15度を加えるなどの方法があることを確認して、スキャフォルディング（足場掛け）を行った。その後、一人の女の子が円から六つの正三角形を作図したのを発表させ、それをヒントにして一挙に多くのグループが正解へと到達することができた。

他方、西岐波小学校4年の金山さんの授業では、授業開始2分後に〈共有の学び〉へと入り、グループ学習へと移行。提示された問題は、しゅん太さんの家からさとしさんのいる公園までの道のりが１５００メートル、しゅん太さんの歩くスピードが1分間に１００メートル、15分でしゅん太さんは公園に到着するが、その関係を縦軸が道のり、横軸が時間（分）のグラフで表す、という課題である。

10分ほどでこの課題を達成した後、〈ジャンプの学び〉へと移る。〈ジャンプの課題1〉は、前問と同じ条件のグラフだが、5分後にグラフは3分間横ばいになり、その後傾きが急になって、結果的には15分でしゅん太さんは公園に到着している。このグラフは何を示しているか、である。子どもたちは、グループごとに「途中で道草してしまった」「その後は走っている」と、グラフからしゅん太さんの行動を読み解いている。

それに続いて〈ジャンプの課題2〉である。今度は、ジャンプの課題1のグラフの続きで、公園に到着後2分グラフは横ばいで、その後下降し、途中3分後に上昇し小さな山形をつくって（山形は3分）下降し、最後は家からの道のりが0メートルになっている（最初から30分後）。このグラフは何を示しているか、という課題である。子どもたちは、前以上に夢中になり、グループごとの学び合いが探究的になった。「公園に着いたら友達がいなくて、家に帰りかけたんだけど、途中で気になって公園が見えるところまで帰りかけて、また家に向かった」「でも、家にもどったんだけど、グラフの出発点と場所がちがう？・」「時間が30分経ったから、ここになるんだよ」……。考えてみると、二つの相互に変化する量の関係という代数的な問題を二次元の空間の幾何学的表象（グラフ）で表現する数学的思考を発明したのは17世紀のデカルトだった（『精神指導の規則』）。その数学的思考を子どもたちは表現し、その意味を探索していた。

前原さんの授業では、3回グループにもどして、一つひとつの数学的意味を確認し表現させているし、金山さんも途中6回もグループにもどして、一人ひとりに自分で数学的意味を表現させている。この「もどし」が、一人残らず学びの主人公に育てていたことも重要である。

21世紀型の授業と学び

「21世紀型の授業と学び」への転換が世界的に起こったのは、今から32年前、1989年のベルリンの壁の崩壊、すなわちグローバリゼーションにおいてであった。欧米の先進諸国において、黒板と教卓と一列配置の教室で教科書を片手に教師中心で行う一斉授業は、1990年代に博物館に入った。伝統的な一斉授業は、どの国においても約140年前に成立したシステムであり、単純労働であった農民や工場労働者の教育と国民国家の樹立を効率的かつ安上がりに行うシステムであったからである。グローバリゼーションによって単純労働は消滅し、ほとんどの労働が知的に高度になり協同的になったからである。

「21世紀型」の授業と学びは「探究」と「協同」を特徴としている。学習者主体の授業と学びであり、より高度の内容を「探究」と「協同」で遂行する学びである。この転換に伴って、教師の役割も子どもの活動も大きな転換を遂げた。

19世紀、20世紀の教師は「教える専門家（teaching professional）」であった。教師は「教える専門家」として、指導案を計画し、発問を準備し、板書を準備し、その計画に沿って授業を行い、それらの授業技術を高める研修を行ってきた。

しかし「21世紀型の教師」は、もはや「教える専門家」ではない。「学びの専門家（learning professional）」として仕事を遂行している。前原さんと金山さんの授業をふりかえってみよう。前原さんも金山さんも、授業の間、何も教えていない。二人が行ったのは、学びの課題のデザインであり、学びのコーディネーション（協応）であり、学びの洞察と省察（リフレクション）である。そして、このデザイン、コーディネーション、リフレクションにおいて、二人の授業は秀逸な実践であったと言えるだろう。すなわち、19世紀、20世紀の教師は、口と手（板書）で仕事をしていたのに対して、21世紀の教師は、耳と目と頭と心で仕事をしているのである。

デザインとコーディネーションとリフレクション

21世紀型の教師は、学びのデザイン、学びのコーディネーション（協応）、学びのリフレクション（洞察と省察）の専門家である。

学びのデザインは創造的活動である。しかし21世紀型の教師は「学びのデザイン」を準備して授業を行っている。19、20世紀型の教師は「指導案」（プラン）を準備して授業を行っていた。「プラン」と「デザイン」はどう違うのだろうか。あらゆる「プラン」は「目標」によって実践の前に準備され、子どもと教材と教師の活動を統制する機能を求められている。しかし、「デザイン」は「状況との対話」（ドナルド・ショーン）であり、授業の前にも授業中にも授業の後にも遂行される。しかも「デザイン」を規定するのは「目標」ではなく、どのような学びを追求するのかという学びの「ヴィジョン」である。さらに言えば、「デザイン」は、「目標」に沿って「統制」しようとしているのではなく、子どもと教材と教師の活動を「活かそう」としている。

19世紀、20世紀の教師は、子どもの「理解」を追求していた。しかし、21世紀型の教師は子どもが「理解」することだけではなく、それ以上に「探究」することを追求している。学びの共同体では、この構造を「理解」を追求する「共有の学び」と「探究」を追求する「ジャンプの学び」で共に協同的学びで組織している。

他方、学びの「コーディネーション」において教師は、「テーラーリング」（個への対応）

と「オーケストレーション」（多様な思考のアンサンブル）、それに「探究と協同」を促進する「スキャフォルディング」（足場掛け）を行っている。いずれも、「聴く」「つなぐ」「もどす」の三つの活動によって遂行されている。

学びの「リフレクション」は、学びの「洞察」（insight）と「省察」（reflection）である。この活動も「デザイン」と同様、授業の前にも授業中も授業の後でも行われる。どこで学びが成立しているのか、どこで学びがつまずくのか、どこに学びの可能性が存在するのかを教室の事実にもとづいて、洞察し省察する活動である。

教職４年目の前原さん、金山さんの授業は、若い教師たちが「学びの共同体」の実践によって、21世紀型の教師として素晴らしい成長を遂げていることを示していた。この数年、私の訪問するほとんどの学校で、「探究と協同」を特徴とする学びの改革が推進され、21世紀型の教師たちが成長し続けている。ここに授業と学びの改革の希望がある。

第三部

新型コロナ下における学びのイノベーション

ＩＣＴ環境整備による学びの危険性と可能性

ＩＣＴ教育ネットの浸透

新型コロナウィルスによる突然の休校と学校現場の混乱を背景に、学校のＩＴ環境の整備が急速に進行している。２０２０年１月の補正予算で「ＧＩＧＡスクール構想」予算として２３１８億円が充てられ、２０２３年までに「１人１台」のコンピュータ環境が学校に整備されるという（その後、２０２０年度に前倒し）。この国会決議にＩＴ産業は活気づいている。経済産業省のサイトには新型コロナウィルスに対応する遠隔教育の「無料提供」を１００社以上のＩＴ企業が名乗りをあげ、この好機にＧＩＧＡスクール市場への参入競争に勢いづいている。

この背景には、国際的な教育産業とＩＴ産業の膨張がある。世界の教育産業の市場規模は600兆円以上であり、自動車産業の市場規模200兆円の3倍に達している。ただし、日本の子ども一人当たりの市場規模は国際的に見ると、小さい国の一つである。経済産業省主導のIT教育の環境整備は、文部科学省の予算によって国際競争で劣勢に追い込まれた日本のIT産業を救出するとともに、教育産業の市場を一挙に拡大するねらいがうかがえる。実際、GIGAスクールによって、国と地方自治体を合わせて1校当たり6千万円の財源が投入されることとなる。

2016年の第5期科学技術基本計画で「Society 5.0」(日本版第4次産業革命)が提唱されて以来、教育改革は経済産業省の「Society 5.0」を推進する改革へと変化してきた。今や、経済産業省が文部科学省の政策を決定していると言っても過言ではない。その中核となっているのが「未来の教室」とEdTech研究会であり(2018年)、今回の「GIGAスクール」構想である。

「未来の教室」、EdTech研究会、GIGAスクールの中心概念になっているのが「個別最適化」である。第4次産業革命のIoTによってIT産業と教育産業は個人に関するビッグ・データを集積してきた。たとえばGoogleは、一人ひとりの子どもの学力テストのデータはもちろん、どの問題でどうつまずいたか、どの学びで何を資料としてどう学んだのかなど、個人別の学習に関する詳細なビッグ・データをもっている。これらのデータ

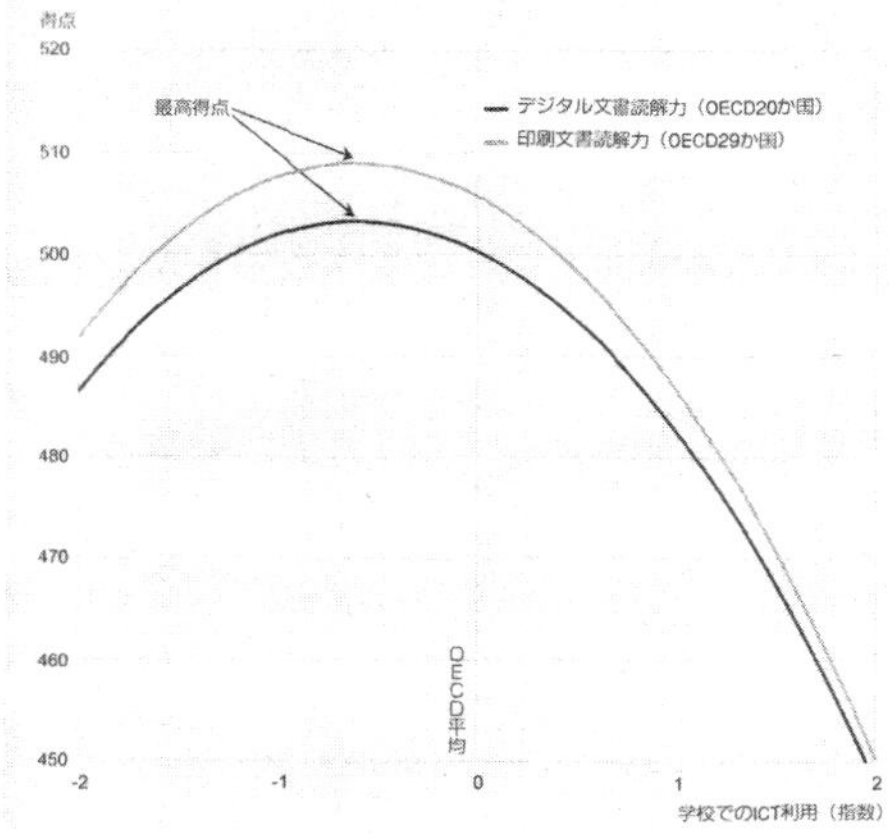

シュライヒャー『教育のワールドクラス』P.308 より。
横軸は学校での ICT 利用時間（指数）、縦軸は読解力の学力得点。

を駆使し、一人ひとりの適性と能力に応じて最も効果的で効率的な学びを実現するのが「個別最適化」である。

ＩＣＴによる「個別最適化」は、世界の教育市場の膨張を推進している最も強力な「ＩＣＴ神話」と言ってよいだろう。今やどの国も債務国家となって公教育の財源を枯渇させており、ＩＣＴを活用した公教育の民営化・企業化が加速している。第4次産業革命によって教育は「ビッグ・ビジネス」となり、公立学校を教育産業に委託するか、あるいは公立学校を「安上がりな私立学校」へと転換する動きが、世界各国（特に途上国や貧困地域、低学力地域）で進行している。それらの学校ではコンピュータによって教員を削減して、教育産業とＩＴ産業が莫大な利益をあげている。「個別最適化」という「ＩＣＴ神話」は、その危険をはらんでいることに留意する必要がある。

「ＩＣＴ神話」の現実

鳴り物入りで推進されているＩＣＴ教育であるが、はたして学校におけるコンピュータ活用は効果をあげているのだろうか。また「未来の教室」は、ＩＣＴ環境による「個別最適化」なのだろうか。

ＯＥＣＤが２０１２年ＰＩＳＡ調査の結果を分析したレポート、Students, Computers and Learning（2015）は、学校の授業や自習でコンピュータを多く使う生徒ほど成績が悪いという事実が明らかになったと報告している。調査対象となったＯＥＣＤ加盟の21か国中、授業でインターネットの活用時間が長い国で学力が向上した国は一つもなく、活用時間が最も長い7か国中6か国で読解力の低下が見られたという。この調査結果は、ＰＩＳＡ調査の責任者アンドレアス・シュライヒャーが著した『教育のワールドクラス―21世紀の学校システムをつくる』（鈴木寛監修　２０１９年　明石書店）においてもデータを示して報告されている。同書では、同様の結果は、読解力の調査だけではなく、数学的リテラシー、科学的リテラシーにおいても確認されたという。

なぜ、このような結果になったのだろうか。シュライヒャーは、「深く概念的な理解を構築し、高次の思考を育てるには教員と生徒の緊密なやりとりが必要だが、しばしばテクノロジーはそのような人間のかかわりを阻害する」と述べている。まったく同感である。この指摘に加えて、ＩＴ活用の仕方がまちがっていることも重要だろう。授業と学びが貧弱であれば、ＩＴはいっそう授業と学びを貧弱にし、授業と学びが豊かであれば、ＩＴはいっそう授業と学びを豊かにするのである。

もう一つ、私の経験から「ＩＣＴ神話」について指摘しておこう。これまで34か国の学校と大学、約７００校を訪問してきたが、途上国ほど「ＩＣＴ神話」が強く作用しているという屈折した現象が見られた。事実、e-learning は、途上国ほど普及している。e-learning が最も歓迎されているのは「安上がりの教育」を求めるアフリカ、南アメリカ、東南アジアなどの地域であり、それらの地域では、スタンフォード大学やオックスフォード大学や東京大学などが開発したシステムが活用されている。しかも、それらの地域の人々は、先進諸国は途上国以上にＩＣＴによる教育が普及していると思い込んでいる。しかし事実はまったく逆であり、スタンフォード大学やオックスフォード大学や東京大学で e-learning による講義やゼミナールは行ってはいない。これらの大学は企業化しており、途上国がその植民地になっているだけである。同様の現象は、デジタル教科書、EdTechなど、その他のＩＣＴ教育環境においても見られる。

「ＩＣＴ神話」はこのように、市場の論理によって醸成された神話であり、帝国主義的な植民地化の論理で機能している。

学びの共同体におけるＩＣＴ活用

テクノロジーは貧弱な学びをより貧弱にし、豊かな学びをより豊かにする。そうだとすれば、ＩＣＴの教育環境によって質の高い学びを実現するためには、どのようにすればいいのだろうか。

学びの共同体の創造を推進してきた教師たちは、ＩＣＴの活用においても、先進的な実践に挑戦してきた。その特徴は「探究と協同」のツールとしてのコンピュータの活用である。コンピュータが教育に導入されて以来、その活用は「教えるツール」としての活用(Computer Assisted Instruction : CAI) と「学びのツール」としての活用 (Computer Assisted Learning : CAL) に二分されてきた。コンピュータが質の高い学びを実現するのはＣＡＩではなく、ＣＡＬとしての活用である。コンピュータを思考と表現の媒介として活用する学びである。この原理にしたがって、学びの共同体の実践では、「探究と協同のツール」としてコンピュータを活用し、質の高い学びを実現してきた。いくつかの事例を紹介しよう。

ある学びの共同体の数学の授業（中学校）では、４人グループでタブレットを用いて $y = ax^2 + bx + c$ の a を変化させたときのグラフのシミュレーション、bを変化させたときのシミュレーション、cを変化させたときのシミュレーションを行い、定数a、b、cの数学的な意味を協同で探究させる学びを実現していた。

また、ある小学校の理科の授業では、台風が発生した前後の天気図をタブレットで検索し、台風発生のメカニズムをグループで協同で探究する学びが展開された。この授業におけるジャンプの課題は、昨年（２０１８年）９年ぶりに北海道を台風が襲った原因を探究する学びとして組織されていた。これもタブレットを「探究と協同のツール」として活用した好例である。

社会科の授業においても、学びの共同体の教室（小学校、中学校、高校）では、タブレットを活用した質の高い学びがいくつも創造されてきた。たとえば、消費税のメリット、デメリットの国際比較、失業率の国際比較、地球温暖化の経年比較、各国のＧＤＰの比較と特徴など、タブレットは「小さな図書館、資料館」として学びのリソースを豊かにしてくれる。インターネットで情報を検索してワークシートに書き写すようなタブレットの活用では、通常の授業以下の効果しかもたらさないが、それらの情報を協同的な探究へと結びつけるならば、タブレットは通常の授業では実現できない質の高い学びを実現する。

プログラミング教育も同様である。ある学びの共同体の小学校では、プログラミング教育を「創造的アート」の学びとして実践していた。コンピュータのスキル習得においても「1人1台」が理想的環境ではないことが、多くの教育学者によって指摘されてきた。最も効果的な環境は3人に1台であろう。この指摘を受けて、近年の欧米のコンピュータ教室は3人ないし4人のテーブルを配置した教室が組織されている。参観した学びの共同体の小学校においても、通常とは異なり、4人グループのテーブルにコンピュータが配置されていた。そこで子どもたちは自由に「創造的アート」に挑戦していた。学び合いの威力は素晴らしい。どの子どもも多様で個性的な作品に挑戦し、小学生とは思えないプログラミングの技術を駆使して、探究と協同による創造的な学びを実現していた。

資本とテクノロジーの奴隷にするのがＩＣＴ教育の役割ではないだろう。未来を拓くＩＣＴ教育は、探究と協同によってハイテク社会を生きる主人公を育てることにある。

協同的学びの理論的基礎

今こそ、理論の学びへ

新型コロナウィルス感染防止のため、教育委員会によっては「グループ学習禁止」や「一斉授業」を強要している。しかし、グループ学習を行っている教室でインフルエンザが多発したという話は聞いたことがない。そもそも新型コロナウィルスの感染者数が全国31県でゼロの時に学校を休校にし、感染拡大期に学校を再開すること自体が無謀であり、その危険を授業スタイルの変更で乗り切ろうというのが無理な話なのである。ちなみに2020年4月7日の国連調査によれば、180か国の学齢児童91%が休校状態にある。(同日の日本では38%の学校が休校を解除し再開していた。)

ソーシャル・ディスタンス（対人間の隔たり）によって、「学びの共同体」の中核である対話と協同は阻まれた状態にある。しかし、こういう状況であればこそ、学びにおける協同の価値を再認識し、協同的学びの理論をじっくり学び直す機会としたい。

「学びの共同体」における協同的学びはいくつかの理論的な根拠を有しているが、中心の論拠は三つである。第一は、21世紀の社会に求められる学びは「探究」と「協同」を中心とするスタイルであること、第二は、学びそのものが対話と協同を必須の要件としていること、そして第三は、「学びの共同体」の協同的学びが驚異的効果をあげていることが理論的な根拠である。

第一の論拠はすでに常識と言っていいだろう。一斉授業はどの国においても１４０年前に成立したシステムであり、単純労働者を安上がりに教育する様式であった。32年前のベルリンの壁の崩壊（グローバリゼーション）によって一斉授業が協同学習へと転換したのは歴史的必然であった。国民国家の時代の終焉と産業主義社会からポスト産業主義社会への移行に伴って、労働市場は単純労働から知的労働と専門的サービスへと移行し、この変化と並行して一斉授業は学習者中心のグループ学習へと変容した。日本のアクティブ・ラーニングの普及は、20年以上遅れた対応だが、このグローバルな教育変容に対応した結果である。

しかし、問題がないわけではない。学習者中心のグループ学習には多様なタイプが存在し、すべてが効果的に機能しているわけではない。また新しい学びの様式は、教師の役割を根本から変えることが求められており、その変化についても検討されなければならない。

第二の論拠についても簡単に述べておこう。１９８０年代以降の学習科学は、学びが対話的なコミュニケーションと協同によって実現することを明らかにしてきた。１９８０年代以前の学習と発達の科学の主流は行動主義心理学であり、そこでは学びは「刺激と反応」「反復と練習」によって生じるとされ（動物モデル）、個人の活動として捉えられてきた。しかし、１９８０年代以降は、人間の学びは言語的活動と社会的（対人的）コミュニケーションによって成立するものとされ、学びは個人の活動ではなく、モノ（対象・道具）に媒介された対話的コミュニケーションによって生成されるものと認識されている。

「協力的（cooperative）学び」と「協同的（collaborative）学び」

「学びの共同体」の実践においては、「協力的（cooperative）学び」と「協同的（collaborative）学び」を峻別し、「協同的学び」の様式を採用している。日本では、教育心理学の人々がcooperative learningを「協同的学び」と訳してきた経緯があり、collaborative learningを「協調的学び」あるいは「協働的学び」と訳して差異化してきた。そのため、日本語の用語で混乱が生じている。私は、cooperative learning は「協力的学び」と訳すのが妥当と考えており、collaborative learning に「協同的学び」の訳語を充ててきた。

この二つのグループ学習は、それぞれ異なった理論を基礎としている。「協力的学び」は、社会心理学者のデビッド・ジョンソンとロジャー・ジョンソン兄弟が提唱したグループ学習の様式であり、①競争よりも協力の方が生産性が高い、②個人よりも集団の方が生産性が高いという、二つの原理によって基礎づけられている。ジョンソンらは、１９２４年から１９８０年までに発表された「競争か協力か」をテーマとする１２３編の先行研究のメタ分析を行い、「協力的な学習」が「競争的な学習」よりも高い学力を達成したという研究が65件、反対の結果を示した研究が8件、両者の間に統計上の有意な差異が認められなかった研究が36件であったと報告している（１９８１年）。

また「個人作業か集団の協力か」をテーマとした先行研究１５６編もメタ分析を行い、「グループ学習」が「個人学習」よりも高い学力をもたらす結果を示した研究が１０８件、反対の結果を示した研究が6件、両者の間に違いを見出さなかった研究が42件であったという。これらの結果から、ジョンソンらは、競争よりも協力、個人よりもグループの方が学力向上に効果的であると結論づけている。

それに対して「協同的学び」は、ジョン・デューイの行為の理論、およびレフ・ヴィゴ

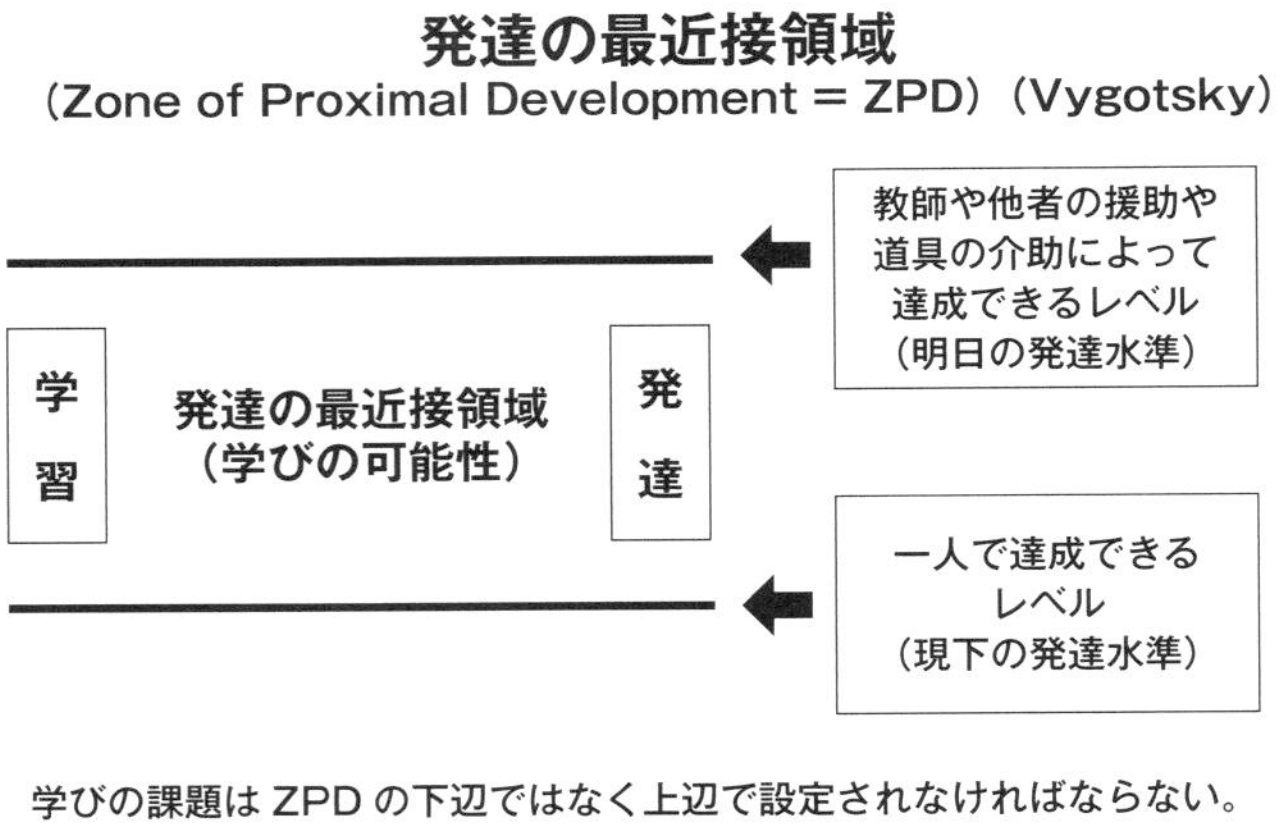

〈図〉学びの共同体の協同的学びの理論的基礎（著者作成）

ツキーの発達の最近接領域の理論を基礎として推進されてきた。ジョン・デューイもレフ・ヴィゴツキーも学びと発達における対象的活動とコミュニケーションの機能を重視してきた。デューイは、人間の行為の特徴は「心理学的道具」としての言語の活用にあり、学びにおいて子どもは対象と主体と他者の交互作用（transaction）によって意味と関係を構成しているという。

他方、ヴィゴツキーは、子どもの発達段階には「一人で達成できるレベル」と「教師や仲間や道具の援助によって達成できるレベル」の二つの段階があり、この二つのレベルの間の領域（帯）を「発達の最近接領域」と名づけて、学びは「発達の最近接領域」のゾーンにおいて文化的・社会的に遂行されるという。

「発達の最近接領域」の重要な示唆は三つある。①学びは協同によって実現する。②学びは最初に協同において実現し、その次に協同の学びが「内化」されて個人の学びが実現する。③学びの課題は個人の発達レベルに合わせるのではなく、協同の学びが到達できるレベルに合わせるべきである。（図参照）

グループ学習において一般に流布しているのは、「協力的学び」の様式である。「協力的学び」にもさまざまなヴァリエーションがあるが、グループを学びの単位としていること、方式として普及していることでは共通しており、多くの場合役割も分担されている。それに対して「協同的学び」は、学びの単位を個人に求めており、役割分担を行わず、方式ではなく理論として普及していることが特徴的である。

「発達の最近接領域」をめぐって

「学びの共同体」の協同的学びは「協力的学び」ではなく「協同的学び」を実践している。その理由は、①学びの目的を学力（生産性）の向上ではなく、一人残らず学びの権利を実現することと質の高い学びを追求していること、②一人ひとりが学びの主人公になる民主主義を追求していること、③学びの共同体とともにケアの共同体を追求していること、④真正の学び（教科の本質の探究）を追求していることにある。「学びの共同体」において協同的学びは〈方式〉ではなく〈理論〉なのであり、教科の内容や教室の文脈や子どもたちの個性に応じて、創造的に活用されるものとして理解されている。それだけ、教師の高い専門的かつ実践的な見識が要求されている。

この協同的学びによって「学びの共同体」の実践が驚異的な成果をあげてきたことは広く知られている。しかし、理論的に検討すべき課題も多い。

たとえば「学びの共同体」においてヴィゴツキーの「発達の最近接領域」は、「学習と発達の関係」として紹介してきた。しかし多くの文献では「教育（教授）と発達の関係」と翻訳されてきた。ここにはロシア語のобучения（オブチェーニエ）の訳語の問題が存在している。обученияは「教授＝学習」を意味する言葉であり、多くのヨーロッパ言語と同様、原義においてはむしろ「学習」を意味していた。したがって「学校における学び」が最も真意を伝えている。たとえばマイケル・コールは、私と同様「学習」に重点をおいて英語に訳している。その真意はわからないが、もともとヴィゴツキーにおいて「発達の最近接領域」は、アメリカの教育心理学論文を敷衍するかたちで提示された概念であり、この概念を字句だけで解釈するのではなく、ヴィゴツキーの研究全体の中に位置づけて解釈する必要がある。

ヴィゴツキーがこの概念で示したのは発達と学習の可能性であった。さらに言えば、ヴィゴツキーの最大の貢献は高次精神機能（言語機能）の可塑性の提示にあり、外言と内言の機能および科学的（一般的）意味と感覚的意味の機能による学習と発達の関係の解明にあった。ヴィゴツキーは、発達を学習と同一視する行動主義の心理学（学習一元論）と学習を発達と同一視するゲシュタルト心理学（発達一元論）の双方を批判し、学習と発達の独自性と相互関連を解明することを教育研究の中心課題として探究していた。

そのうえで、ヴィゴツキー理論において、対象的活動と内言による自己内対話と他者との対話という三つの関係が、どう構成され構造化されていたのかという難問の検討が求められている。さらに、「発達の最近接領域」の説明では、学習者より上位のレベルの援助の有効性は容易に理解できるが、より下位のレベルの子どもが協同的学びを発展させる事実に関しては有効に説明できない。しかし、「学びの共同体」における協同的学びにおいては、上位の子どもと同様、下位の子どもも同等に学びの発展の役割を担っている。この事実を解明するためには、「発達の最近接領域」の理論モデルをさらに拡張し発展させなければならない。「学びの共同体」においては、実践の方が理論を超えて前進しているのである。

授業研究の改革：教師の学びの共同体づくり

授業研究による教師の学び

学び続ける教師だけが教職の幸福を享受することができる（Only learning teachers are blessed with happiness of teaching profession.）。この数年、海外で講演を行う時、毎回のように、この言葉で締めくくっている。21世紀の教師は「教える専門家（teaching professional）」から「学びの専門家（learning professional）」へとその性格を変化させてきた。そこには二つの意味がある。学び中心の授業になった現在、教師は教える技術や技能よりも学びに関する専門的な知識と実践的な見識が求められている。もう一つの意味は、変化する社会の中で教師自身が学び続けなければまっとうな仕事ができなくなっている。しかし、現実はどうか。

教師の学びは学校現場において危機に直面している。文部省（文部科学省）の１９６６年調査と２００６年調査を比較すると、労働時間は著しく増加しているが、研修の時間は３分の１に激減している。校内研修に限定すると１９９６年から２００６年のわずか10年間で小学校、中学校ともに5分の１の時間に減少している。この傾向は今日、変形労働時間制の導入によって助長される傾向にある。明治以来、日本の教師の職業能力は学校現場での研修によって維持されてきたが、その輝かしい伝統は今や無残なほど劣化している。

校内研修に関しては、もう一つ深刻な問題がある。20年ほど前、琵琶湖近くのある小学校の倉庫で昭和初期（１９３０年代）の校内研修の詳細な史料を発見したことがある。その記録によると、４月に研修部が研究主題を決定し、提案授業の授業者を若い教師に決定して3回の校内研修の年間計画が作成され、毎月研修部の会議で「教材研究」と「指導案づくり」と「板書計画」が議論され、当日には若い教師による提案授業が行われ、参観後の「批評会」では「発問」「板書」が批評され、授業者への助言が行われている。そして年度末、この3回の校内研修の授業と協議会の記録が「研究収録」の冊子にまとめられている。

この史料を見て驚くことは、校内研修の内容と方式が90年前から少しも変化していないことである。これほど社会が変わり教育も変化したのに、校内研修は1世紀前と何ら変わっていない。このような授業研究では、授業そのものも90年前と変化しないのは当然だろう。

通常の学校における授業研究は、授業の改革と教師の学びを促進するよりも、授業の革新を阻み、専門家としての成長を阻害する機能をはたしていると言うべきだろう。「学びの共同体」の改革は、このような授業研究の硬直した保守性を克服して、21世紀の教師にふさわしい専門家としての成長を実現する様式を追求して開発された。

授業研究のパラダイム転換

学びの共同体の授業研究は、1980年代以降の教育学研究のパラダイム転換と教師の専門家像のパラダイム転換を基盤として開発された。1970年代までの教育学におけるカリキュラム研究と授業研究は、行動科学の心理学にもとづく「過程—産出（ブラック・ボックス）モデル」の研究であり、「教え方」を独立変数、「学習結果（学力）」を従属変数として「目標達成」の「因果関係」を数量的研究によって解明する研究であった。それに対して1980年代以降は、認知科学・学習科学・文化人類学・現象学などにもとづいて「学びの経験の意味」を内容と活動と関係と文脈に即して解明する質的研究（解釈的アプローチ）へと転換した。行動科学の数量的研究が「因果」関係を解明する工学的アプローチであったのに対して、新しい授業研究の質的研究は教科専門の科学と人文学・社会科学を統合し

学びの共同体の授業研究と通常の授業研究の比較

	学びの共同体の授業研究	通常の学校の授業研究
目的	1．一人残らず学びの権利の実現、質の高い学びの創造 2．思慮深い教師の成長 3．同僚性と自律性の構築 4．学校と教室の民主化（個性と多様性）	1．授業の改善、学力の向上 2．有能な教師の成長
対象	1．学びの事実の省察 2．学び合う関係とケアの関係	1．指導案の検証 2．教師の教え方（発問・板書）
方法	1．学びのデザイン（個人） 2．個人による研究テーマ 3．全員による提案授業 4．学びの省察の交流（学び合い）	1．指導案づくり（研修部） 2．学校単位の研究テーマ 3．若い教師数人の提案授業 4．アドバイスと助言（評価）
頻度	年間30回以上	通常年間３回
公開研究会	1．全教室の公開 2．校内研修（教師の学び合い）の公開	1．提案授業の公開 2．参加者全員の授業協議会

た「因縁（関係論）」の研究であり、文化的・社会的・倫理的実践として授業と学びを探究してきたのである。

他方、教師の専門家像も１９８０年代半ば以降、大きな転換を遂げている。この転換は、ドナルド・ショーンによって「技術的熟達者（technical expert）」から「反省的実践家（reflective practitioner）」への転換として表現されている。以後、「反省的実践家」という専門家像は、世界各国の教師教育改革を主導する中心概念となった。

「学びの共同体」の授業研究は、この二つのパラダイム転換に呼応して理論と様式を具体化してきた。「学びの共同体」の授業研究の特徴は、「通常の学校の授業研究」との対比で以下のように示すことができ

る。（図表参照）

「通常の学校」の授業研究の目的は「授業の改善」であり「有能な（effective）教師の成長」そして「学力の向上」である。それに対して「学びの共同体」の授業研究の目的は、「一人残らず子どもの学ぶ権利を実現すること」、「質の高い学びを創造すること」、「同僚性と自律性を構築すること」、そして「教室と学校を民主化すること（一人ひとりが主人公になること）」にある。目的そのものが根本的に異なっているのである。

授業研究の対象も両者は異なっている。「通常の学校」の授業研究の対象は「指導案」と「教える活動（発問・板書）」の計画であり、その検証である。それに対して「学びの共同体」の授業研究の対象は「学びの事実の省察」であり「学び合う関係とケアの関係の省察」である。すなわち、「学びの共同体」の授業研究は、教え方の研究ではなく学びの研究であり、どこで学びが成立し、どこで学びがつまずき、どのような学びの可能性が潜んでいたかを事実に即して省察する研究なのである。

授業研究の方法も両者は異なっている。「通常の学校」の授業研究では、数人の授業者（ふつうは若い教師）が決められ、詳細な「指導案づくり」を全員で長時間にわたって討議し、授業実施後は「指導案」「発問」「板書」の検証が行われ、授業者へのアドバイスが提示される。それに対して、「学びの共同体」の授業研究では、すべての教師が授業の提案者となり、

「学びのデザイン」は授業者自身が行って1枚のシートで簡略に提示され、授業協議会では評価も助言も行わず、参観者が教室の事実の省察から学んだことを交流する。さらに言えば、「通常の学校」では、学校単位で「研究主題」を設定するのに対し、「学びの共同体」では、教師一人ひとりがそれぞれの「研究主題」を設定している。

授業研究の頻度は著しい違いを示している。「通常の学校」における校内研修の授業研究の回数は、文部科学省等の調査によると小学校、中学校ともに年に3回程度である。それに対して「学びの共同体」の授業研究は、すべての教師が年間最低1回は授業を公開して授業研究を行うので、30人の教師の学校であれば年間30回以上行われている。教師一人当たり、2回、3回あるいはそれ以上の頻度で授業研究を行っている学校もあり、それらの学校では年間100回以上の授業研究が行われている。

公開研究会のもち方も両者は異なっている。「通常の学校」では、一般に提案授業の公開と全参観者による授業協議会が行われている。「学びの共同体」の公開研究会では、すべての教室の授業が公開され、提案授業の後はその事例をめぐる「授業協議会（教師の学び合い）」も公開されている。「学びの共同体」の公開研究会では、すべての子どもの学びとすべての教師の学びが公開されているのである。（学校によっては、保護者が子どもと教師とともに授業に参加する「学習参加」も公開している。）

校内研修の革新

「学びの共同体」における授業研究は、授業研究の歴史的伝統を継承すると同時に、その限界を超えるものとして発案された。日本の授業研究は、最も革新的な学校においても、一部の優秀な教師たちが活躍する授業研究であり、「模範」を参観者に提示する授業研究であった。そこに欠落していたのは、どの教師も主人公として参加して個性と多様性を尊重し合う民主主義の思想であり、教師個人の自律性と教師全員の同僚性による自律性の同時追求であった。その二つを「学びの共同体」の授業研究は実現している。

このスタイルを開始した当初は、参観者からの批判も少なくなかった。批判された点は主に二つである。一つは、公開研究会における提案授業が「他の学校の公開研究会の提案授業と比べてそれほど優秀ではなかった」という批判であり、もう一つは「授業協議会で相互批判がなく、厳しい鍛え合いになっていない」という批判である。この二つの批判は「学びの共同体」に対する無理解から生じている。「学びの共同体」の公開研究会の提案授業は「優秀な教師」が行うものでもなく「模範」を示すものでもない。「学びの共同体」の公開研究会では校内の誰もが提案授業者になり、しかも「研究会のための授業」ではなく「日常の授業」を公開している。授業協議会では授業の評価や助言は慎み、教室の事実から学んだことを交流し、同僚性を高めることを追求している。そもそも「どこが良くてどこが悪かった」と評価を行い、授業者に「助言」を提供する協議会では、参観者の学びが貧弱になるだけでなく、教師一人ひとりが主人公になる民主主義の関係も教師の個性的で多様な仕事を尊敬し合う同僚性の関係も育ちようがない。

もう一つ、改革には壁があった。「授業研究によって学校を変える」という一般に普及している観念から脱却することである。先述したように、通常の学校において授業研究は授業を改革し教師の専門家としての成長を促進するというよりも、伝統的な授業を再生産して、授業の改革と教師の成長を妨げる機能をはたしている。授業研究が授業改革を促進するのではない。逆である。子ども一人ひとりを学びの主人公に育て、探究的で協同的な質の高い学びを追求する授業改革を推進することなしには、授業研究の革新も学校の改革も不可能だろう。授業の改革が授業研究の革新を推進するのであって、逆ではないのである。

新型コロナ・パンデミックのもとでの学びの共同体

パンデミックのもとで

誰が2019年12月以前にこの状況を想定しただろうか。新型コロナウィルスのパンデミックによって、人類史上初めて「社会（人と人のつながり）」が機能不全となり、学校が休校になり、子どもの学ぶ権利が剝奪された。2020年4月15日のユネスコ調査によれば、世界の91％の子どもが学校に通えない状態になった。同年7月18日も107か国の学校が休校し、世界の子どもの61％が学校に通えない状態であった。

パンデミックが拡大した当初、学びの共同体の改革も最大の危機を迎えた。「ソーシャル・ディスタンス」の必要性から「一斉授業」が義務づけられ、「グループ学習」を禁止し「公開研究会」を禁止する市町村教育委員会が大勢を占めた。各国の対応を調べたが、一斉授業を義務づけ、グループ学習を禁じる措置をトップダウンで学校に指導した国はわずかである。先進国では数十年前に一斉授業は姿を消していたし、グループ学習を禁じたからといって学校内の感染は防ぎようがないからだろう。3密を避けることは当然だが、だからといって、学びの権利をないがしろにし、学びの質を低めてよいわけではない。

しかし、パンデミックの拡大当初、率直に吐露すれば、学びの共同体の実践校（全国約3千校）の半数は改革を中断するだろうし、改革はゼロからの再スタートを余儀なくされるだろうと覚悟していた。しかし、現実は予想を裏切っている。私の知る限り、国内でも国外でも学びの共同体の改革を中断した学校は一つも報告されなかった。それどころか、子どもたちも教師たちも厳しい現実に辛抱強く耐えながら、これまで以上にしたたかな意志と叡智をふりしぼって、感染防止を徹底させながら学び合いの実践を持続している。さらに多くの市町村教育委員会や学校が、学びの共同体の意義を認識し、改革をさらなる拡がりで推進する準備を進めてきた。地下のマグマのように改革のエネルギーが蓄積されているのである。

他方、教育行政の実施している新型コロナ対策は、学校と子どもと教師の現実から遊離し皮相なものにとどまっている。その端的な現象が「9月入学」騒動だったが、今焦点になっているのは「進度の遅れ対策」と「ICT環境の整備」である。一般の子どもたち

ささやきを聴き合うグループ学習。（墨絵：永井勝彦）

や親たちが最も危惧するのが「進度の遅れ」であることは十分に理解できる。しかし、専門家の立場から見ると、「進度の遅れ」以上に深刻なのが「学びの質」の低下であり、「教育格差」の拡大である。そして、子どもたちにとって深刻なのは精神的な不安とストレス、心の荒れである。都市部の学校では２０２０年6月開校と同時に、子ども同士のトラブルが頻発し、授業で学びに向かえない子どもが激増した。中国教育学会大会の基調講演の要請で上海市の現実を知らされたが、新型コロナによる子どもの死者数はゼロだったが、6月に開校して1週間で26人もの子どもが自殺したという。

「ＩＣＴ活用の遠隔授業」も整備は必要

だが、パンデミック対応の切り札にはなりえない。緊急事態宣言ですべての学校が休校になっていた4月の文部科学省の調査によると、休校期間中にオンライン授業を行った小中学校はわずか5％である。さらにＩＣＴ活用の時間が長ければ長いほど学力が低下することはＰＩＳＡ調査によって明らかにされている（PISA2015）。パンデミックであればこそ、フィジカル・ディスタンスは必要だが、子どもたちのつながりを大切に育て一人も独りにしない授業が必要であり、協同による探究的学びが必要なのである。それをどう実現すればいいのだろうか。

協同的学びの模索

２０２０年2月末から途絶えていた学校訪問が、7月になって再開した。7月になってから、地方の市町村教育委員会の多くがグループ学習を認め始め、それらの学校から子どもも教師も見違えるように蘇ったという報告が次々に届いている。ここでは7月に訪問した京都府のある中学校の事例を紹介しよう。

この中学校が学びの共同体の改革を学校ぐるみで開始したのは1年前であり、私が最初に同校を訪問したのは２０１９年6月であった。そして11月には公開研究会を開催し、教室における探究的で協同的学びと、学びのイノベーションをテーマとする授業研究協議会を近隣の多くの教師たちに公開した。6月から11月のわずか半年間の進歩は著しかった。どの教室でも一斉授業に替えて協同的で探究的な学びと「ジャンプの学び」が実現し、どの子どもたちも輝く姿で学びに専念していた。その結果、学びの質が飛躍的に高まり、生徒一人ひとりが学び上手に育っていた。その大きな前進の推進力になったのが、授業のデザインとリフレクションを中心に研究を進めた研修部のリーダーシップである。もともと優秀な教師が多い同校が、大学の研究者たちの協力と支援を得て、「質の高い学び」のデザインを洗練させ、その質の高い学びのリフレクションによって授業改革を推進したのである。

その勢いがつき始めたさなかに新型コロナが襲った。いくら前年11月の公開研究会が期待以上の成果をあげたとはいえ、改革の後退は必至だろう。7月の訪問途上で、どのような支援が可能か、いくつものシナリオを準備して同校に向かった。

校内研究会ではあったが、午前はすべての教室の授業公開、六つの提案授業、グループによる提案授業の協議、午後は一つの提案授業と全体協議会（私の講演を含む）が行われた。

同校の新型コロナ感染防止の対策は万全であった。そして驚くことに、学びの共同体の改革は中断することなく、いっそう慎重かつ精力的に継続していた。いくつもの制約は当然だが、どの授業においても「探究と協同」による「質の高い学び」が追求され、協同的学びによる「ジャンプの課題」が周到にデザインされていた。対人的距離を配慮しながら、グループ学習も通常に近いかたちで実践されている。

同校は40人ぎっちりの教室がほとんどである。この条件だと一斉授業の机の配置よりも3人もしくは4人グループの配置の方が、フィジカル・ディスタンスを大きくとれることが認識できた。生徒同士の背中の椅子は密着するが、その分だけ生徒間の距離は大きくとれるのである。しかも、学びの共同体のグループ学習は「話し合い」ではなく「聴き合い」であることが肝要である。生徒の声は最小限に抑えられ、マスク着用のひそひそ話を距離をとって聴き合うことになる。これが「聴き合い」ではなく「話し合い」であれば、感染の危機は拡大するだろう。（保護者もそのことを説明によって理解し、苦情はないという。）

今できること、これからすべきこと

同校の子どもたちの成長は驚嘆すべきである。特に中学2年生と3年生の成長は著しい。どの子も学びが大好きになって学び上手に育っており、「探究と協同」が学びの習慣として形成されていた。午後行われた全体の提案授業（文学、中学2年）は圧巻だった。授業時間のほとんどはテクストの細部にわたる一人ひとりの読みのイメージをつぶやきとささやきで聴き合い探究し合うグループ学習に充てられていた。教師が提示した作品を批評的に読む課題が明確で、その課題によって実現したテクストとの精細で探索的な学びが参観者の感動を呼んだ。

全体会の講演で、私は改革の素晴らしさと感染対策の的確さに敬意を表明した後、この学校の改革が「新型コロナ社会とポスト・コロナ社会の教育を先端的にリードするもの」になることへの期待を伝えた。新型コロナによって「資本・国家」中心の社会を求める人々と「生命・人権」中心の社会を求める人々との分断がどの国でも進行し、世界は二つに分断されている。学びの共同体の改革は「生命・人権」中心の社会を創造し参加する子どもたちを育てる使命を担っている。この新しい社会は、資源と資産を共有する共同体（sharing community）、一人残らず幸福を享受できるよう助け合い協力し合う共同体（caring community）、現実を受け止め未来を準備する学び合う共同体（learning community）を必要としており、その来るべき社会の主人公を学びの共同体の改革は準備すべきだと思う。同校は、その先端的パイロット・スクールとして日本と世界をリードする学校をめざすという提案を行った。

同校の訪問と教室の参観は、私にパンデミックの危機の捉え直しと教育の希望をもたらしてくれた。まず何よりも、子どもの立場から新型コロナの問題を捉え直す必要があるだろう。学校再開をめぐって大論争になったフロリダ州の事例を見てみよう。爆発的感染が続く同州（感染者数は28万人）では死者数が４７３２人に達し、高校生以下の子どもの陽性率は31％になっている。しかし、子ども（高校生以下）の死者数は４人である（７月16日）。子どもは発症しにくく重症化しにくいのである。この事実は、子どもにとって新型コロナの危機とは何かを再考させてくれる。休校などの措置は子どもの感染防止とパンデミック抑制に必須だが、子どもにとっての新型コロナの最大の危機は学ぶ権利の剝奪にあり、教育の平等の破壊にあり、学びの質の低下と精神的ストレスにあると言えよう。

現在、国内の新型コロナ対策は、地域や学校の実状や教育委員会の方針によって千差万別である。その多様性は尊重されるべきだろう。しかし、どのような対応をとるにせよ、子どもの立場からの対応、すなわち子どもの学ぶ権利を保障する立場からの対応をのぞみたい。新型コロナの厳しい現実は、今後数年間は続くだろう。新型コロナの感染は平等だが、そのダメージは社会的な弱者を襲っている。高齢者の生命を守ることと子どもの学ぶ権利の保障こそが、新型コロナ対策の中心におかれなければならない。

「学びの会」の活動における授業研究
——詩の授業の事例から——

学びの会の活動

　新型コロナの制約のもとで、子どもたちは不安と孤立に苦しみ、教師たちは過剰な仕事に疲弊している。それだけに、教師たちの授業改善の意志と学ぶことの渇望は強い。休校と開校の混乱を経た2020年7月ごろから全国各地で学びの共同体研究会の「学びの会」の活動が活発化している。学びの共同体の改革は約300校のパイロット・スクールによって3千校近い学校のネットワークを形成しているが、それと並行して50近い「学びの会」が全国各地に組織され、それぞれ月例会を開いて教師の学びを実現している。

　新型コロナ下の「学びの会」の活動を紹介すると、三重学びの会は8月に県内四つのサテライト会場をつなぎ、3密を避けた対面式協議とZoomによる私の講演とシンポジウ

ペアで学び合う１年生。

ムを実現させた。奈良県天理市では人権教育研究会が学びの共同体を推進してきたが、今年度は1千名の大ホールを借りて200名限定の講演会を行った。その他、各地の「学びの会」はいずれもZoomによる月例会で研究を持続しているが、パンデミック以前の月例会よりも参加人数が多く、県を越えた遠隔地からの参加者が増えているという。

各地の「学びの会」の情報を集約してわかったことは、どの教師も「教師中心の一斉授業にはもどらない」という固い決意で、可能な限りの実践を行っていることである。フィジカル・ディスタンスは必要だが、子ども相互、教師相互のつながりはいっそう強めなければならないという合意も共有されている。ある市では授業中の子どもの発言までも教育委員会によって禁止されたが、教師たちは資料とワークシートを多数準備し、子どもたちは無言のまま4人グループで資料とワークシートを指さしまなざしの交流によって協同の学びを実現している。新型コロナのもとであっても探究と協同を追求している教室の子どもたちは、質の高い学びと学び合う連帯を築いていている。

２０２０年8月21日、一車両数人の新幹線に乗って、長岡市で開催された新潟学びの会「夏の研修会」に参加した。新潟学びの会（前身新潟自分探しの会）が活動を開始したのは25年前である。最も長期にわたって活動してきた「学びの会」であり、新潟市と長岡市で月例会を開催し、毎年「夏の研修会」と「冬の合宿研究会」を開催してきた。夏と冬には私と新潟大学の一柳智紀さん、成城大学の岩田一正さんが参加し研究を支えてきた。この日も30人限定という制約のもとで開催された研修会に私と一柳さんが参加した。

1年生の授業「てんとうむし」

この日の「夏の研修会」では、新潟市鳥屋野小学校6年の「社会科・貴族の生活と文化」（吉澤秀美教諭）と長岡市中之島中央小学校1年の「国語科・てんとうむし」（呉井弘美教論）の二つの授業ビデオが提示され、授業研究が行われた。前者は新型コロナ下での協同的学び、後者は新型コロナ直前である２０１９年末の授業記録である。

呉井さんの実践は圧巻だった。呉井さんの授業を視聴するのは4回目だが、いつも真正の学びを実現する優れた授業デザイン、授業中のテーラーリング（個への対応）と学びのオーケストレーション（響き合わせ）、そして何より自然体で夢中になって学び合う子どもたちの関わりと学びの質の高さに圧倒されてきた。今回も同様である。

呉井さんが詩の授業で選んだ作品は、川崎洋の「てんとうむし」である。

てんとうむし　かわさき　ひろし

いっぴきでも／てんとうむしだよ／ちいさくても／ぞうとおなじいのちを／いっこ　もっている／

ぼくをみつけたら／こんにちはって　いってね／そしたらぼくも／てんとうむしのことばで／こんにちはっていうから／きみには　きこえないけど

さすが川崎洋の作品である。親しみやすいだけでなく、詩としての肝心なところが活きている。詩の授業では子どもがそれぞれの個性で言葉の豊かさを味わうことが目的になるが、その前提として教師はその詩がなぜ詩として成立しているのかを認識しておく必要がある。この「てんとうむし」の詩が詩として成り立っている要諦は以下の諸点であろう。

まず音読するとわかるのだが、この詩は「ぼく」が「てんとうむし」に語りかけているようにも読めるし、「てんとうむし」がこちらに語りかけているようにも読める。つまり話者と文脈が反転するおもしろさがある。

第一連では「てんとうむし」と「ぞう」の大きさの対比がおもしろい。その対比をきわだたせて「おなじいのち」を「いっこ」もっていると続く。一つひとつの命の存在のかけがえのなさと対等性が平易な言葉で端的に表現されている。

第二連は、「ぼく」と「きみ」との挨拶の対話が謳われ、その可能性と不可能性の交錯がおもしろい。

最後に、第一連は「1」の世界を謳っているのに対して、第二連は「0（沈黙）」へと向かっている。この構成もさすがである。

授業を視聴しよう。黒板には詩が模造紙で貼り出され、子どもたち25人が円座になって座っている。呉井さんの「音読しましょう。はい、どうぞ」の呼びかけで授業が始まった。言葉に丁寧に触れながら音読する声は、前時この作品を子どもたちがたっぷり味わったことを示している。いろいろなグループのヴァリエーションで何度も音読が続く。その音読を聞くと、この詩の話者は2通り考えられるのだが、どの子も自分がテントウムシになって詩を味わっている。子どもは「なってみる（pretend to do）」のが大好きである。何度も何度も音読をくりかえしたのち、呉井さんが「朝、見つけたテントウムシはどこにいるの？」と尋ねると、「ふでばこ！」と弾む声、それぞれ机の筆箱を開いて「こんにちは」の挨拶をしている。そして呉井さんは黒板に、人の指先にのった小さなテントウムシの写真と大きなゾウの写真を貼り、大小の対比をイメージさせた。

それが終わると、もう一枚の模造紙が貼り出された。上段はこの詩、下段は前時で子どもたちが考えたテントウムシの「心の声」である。1行目の「いっぴきでも／てんとうむしだよ」の下には、心の声「見えないかもしれないけど、ここにちゃんといるよ」と書かれ、「ちいさくても／ぞうとおなじいのちを／いっこ　もっている」の下には、心の声「からだは大きくても小さくてもいのちはいっしょだよ、生きているよ」と書かれている。それぞれの行の下にイメージされた心の声が記されているのである。このアプローチには感嘆した。詩の言葉は多義的であり、一つの言葉がいくつもの言葉を喚起するのだが、その言葉の多声性を実感させているのである。さすが呉井さん、素晴らしい学びのデザインである。

そこから本時の課題である「音読の学び」へと入る。ここで呉井さんは前時子どもたちが音読した録音をCDプレーヤーで流した。どの子も耳をすまして恥ずかしそうに聞いている。「すばらしかった」とはつぶやくものの、口々に「何かが足りない」と話し出す。今なら、もっと素敵に音読できるということだろう。

その「足りない何か」を探し出し、もっと素敵な音読にする挑戦が、ペア学習で展開された。一つの机に向き合って二人ずつ座った子どもたちは、それぞれのペアで夢中になって音読をくりかえし、さまざまな発見を交流し、いろいろな挑戦を行って音読のレベルを高めていった。「足りない何か」を探り合う学びという設定が絶妙である。途中一度、全体にもどして「難しさ」を交流したが、その必要がないほど、ペア学習に子どもたちは没頭していた。

最後の10分間、黒板を背にして再び円座になって、3組のペアが音読に挑戦した。どのペアも驚くほど音読が素敵になっている。言葉に触れ、音読によって生み出される豊かなイメージが教室全体に広がった。どの子も発表するペアの音読をまるごとからだで味わっている。そうして呉井さんは「言葉を大事にして読んでいましたね」と結び、次回もう少し練習して再度録音することを伝えて授業が閉じられた。

授業協議会で話されたこと

「呉井さんが担当する子どもたちは、魔法のように学び上手になり学び好きになる」「呉井さんの穏やかで温かな子どもへの関わりが子どもの柔らかさとケアの関わりと学びの弾みを生み出している」「呉井さんは子どもを前から引っ張ろうとしない。子どもたちの学びをまるごと受け止め、優れた学びのデザインで方向づけ、一人ひとりの学びを下支えしている」「ペアの学びを10回以上も入れていることが、一人ひとりを学びの主人公にしている」など、参観者から次々と学んだことが語られた。

最後に呉井さんが語った言葉、「3か月休校になったけれど、2年で担任を持ち上がったこの子たちは最初の日から少しもくずれることなく学びに向かっていた。1年の時の協同の学びがしっかり2年になっても継承されていた」は、そのとおりだろう。

新型コロナ下における質の高い学び
―数学的探究の真正性―

学ぶ権利にもとづく対応

新型コロナによる2020年3月以降の休校期間を経て、早い地域では5月、遅い地域でも7月には学校が再開した。しかし「新しい日常」のもとでの学校の現実は厳しい。どの学校でも感染予防には万全を期しているものの、学びの質は休校以前と比較して劣化している。新学習指導要領が小学校で全面実施の年なのに、「主体的・対話的で深い学び」は不十分にしか実現していない。それ以上に深刻なのが、子どもの変化である。都市部の学校では、開校した途端に教師たちは、無気力と荒れのどちらかに分極化した子どもたちへの対応に追われてきた。地方の学校では、無気力や荒れについてはそれほどではないが、感染予防と先送りされた行事に追われて、教師も子どもも疲弊している。どの学校でも「新

協同で探究し合う生徒たち。

しい日常」のもとで、パンデミック以前の学びの質を回復できてはいない。

文部科学省に新型コロナウイルス感染症対策本部が設置された２０２０年1月21日以降、文部科学省と地方教育委員会は多数の通達を学校に発してきた。しかし、その大半は「感染症対策」であって、学ぶ権利の保障と学びの質の保障は不十分であった。「感染症対策」が教育行政の中心的な役割だろうか。自粛に次ぐ自粛で、学校も教師も萎縮してきたのではないだろうか。「法による規制」ではなく「自粛」に依存するコロナ対策は日本特有の対応である。「自粛」は自己責任と同調圧力を喚起するので「萎縮」を引き起こしている。

教育行政と学校の責任の中心は、新型コ

ロナ状況のもとで、どう子どもたちの学ぶ権利を実現し、どう学びの質を維持するかにある。しかし、文部科学省も地方教育委員会も感染予防に終始してきた。２０２０年４月以降の国際連合の教育政策、ユネスコの政策および各国教育省の政策が、新型コロナ下でどう子どもの学びの権利を保障し、どう学びの質を維持するかを提言し続けてきたのとは対照的である（参照。United Nations, Education during COVID-19 and Beyond, August 2020）。

今、私たちが取り組まなければならないのは、再開した学校を再び閉じないようにして一人残らず学びの権利を実現していくことと、質の高い学びを保障し、この苦境を乗り越え未来を拓く子どもたちを育てていくことにある。経済と教育の損失を完全に回復するには少なくとも5年を要し、その教育に失敗すると、子どもの将来と日本社会の未来はない。加速する第４次産業革命とパンデミックで拡大する貧富の格差と教育格差を考慮すれば、「創造性」と「探究」と「協同」を追求する質の高い学びを創造することは急務である。

探究と協同の学び

２０２０年9月10日、福島県三春町の三春中学校（堂山昭夫校長）を訪問した。三春町では一人も感染者が出ていなかった。それでも教育委員会は万全を期して、町内全教員の参加を予定していた公開研究会を各校の校長と研究主任に限定して開催した。

三春町の訪問は20年ぶりである。町全体の子どもの数が減少し、三春中学校には五つの小学校を卒業した生徒たちがスクールバスで通学している。今回の訪問は4月に就任した添田直彦教育長からの招聘である。添田さんとは30年前、学びの共同体のパイロット・スクールであった郡山市金透小学校で出会い、２０１８年とその翌年は彼が校長として改革を実現させた郡山市橘小学校で再会した。そして今回、添田さんは新型コロナ勃発直前の２０１９年11月に教育長として着任し、町内すべての学校に呼びかけて学びの共同体の改革に着手していた。

午前中、すべての教室の授業を参観した後、午後、校舎中央の多目的スペースを使って提案授業（1年数学「方程式の活用＝魔方陣、吉田正一教諭」）が行われた。福島県では5月25日から段階的に学校を再開したが、1年生にとっては夏休みをはさんで数か月の学校生活しか経験していない。新型コロナによる制約は大きかったが、そのハンディをまったく感じさせないほど、子どもたちは学び上手に育っており、伸びしろの大きさを感じさせられた。

吉田さんの授業における課題のデザインは以下のとおりであり、この秀逸なデザインが、一人残らず夢中になって探究と協同を遂行する質の高い学びを実現していた。

〈共有の課題1〉 1から9までの数を1度だけ使って魔方陣を完成させなさい。

〈共有の課題2〉 前記の魔方陣において真ん中の e の値は何か。また、なぜ、そうなるのか。図の文字式を使って証明しなさい。

a	b	c
d	e	f
g	h	i

〈ジャンプの課題〉 次の魔方陣において x の値は何か。

5		10
x		
	2	

〈共有の課題1〉は、試行錯誤によって正解を見つけ出す課題である。生徒たちは3人グループで探索し合い、正解を導き出した。この課題にはいくつかの正解があり、縦、横、斜めの数を足すと15になるが、どの正解も中央の値は5である。クラスの何人かは、中央値を5と推定して他の8か所の数を推量していたが、その生徒たちは数学的センスがあると言ってよいだろう。

〈共有の課題2〉は、なぜ、中央の値が5になるのかを証明する課題である。これだけでもジャンプの課題と言ってよいだろう。生徒たちは夢中になって取り組んだが、解決にはいたらなかった。そこで吉田さんは「中央のeを含むすべての縦、横、斜めの数を足す式を文字を使って表してごらん」というヒントを与えた。$(d+e+f)+(b+e+h)+(a+e+i)+(c+e+g) = (a+b+c+d+e+f+g+h+i)+3e$となる。縦、横、斜めの和はそれぞれ15だったから、この文字式の答えは60である。aからiまでの数（1から9）の総和は45だから$3e=15$となり、eは5となる。見事な証明である。数学的思考のおもしろさは、この証明のような「美しさ」にある。

この授業における生徒たちの学びで最も感動したのは、〈ジャンプの課題〉を一人の女子生徒が達成したことである。私は参観しながら、この難問は一人も解けないだろうと思っていた。

ところが授業の終盤、グループ内の二人の対話をじっと聴いていた一人の女子生徒が、突然、自分のプリントにいくつかの線を引き始め、小さな声で「できた」とつぶやいた。そのつぶやきを吉田さんは聞き漏らさなかった。

彼女は指名を受けて、最初に上段横列の5と□と10を赤で囲み、真ん中の縦の□□2を赤で囲った。この二つは同じ値であり、上段中央の□を共有しているから真ん中の□は13である。次に彼女は、左側縦の5とxと□を赤で囲み、右上の10と先ほど求めた中央の

13と左下□を赤で囲んだ。この二つも同じ値で左下の□を共有しているので、$5+x=23$であり、xは18であると説明した。この鮮やかな説明に、クラスの全員と参観者のほとんどが感嘆の声をあげ、拍手で彼女を讃えた。彼女の探究は、〈共有の学び〉の二つの課題から一般化された法則の活用であり、数学的推論の成果である。

探究と協同による真正の学び

吉田さんの授業は、「探究と協同」による学びを追求する「デザイン」と、授業中の「コーディネーション（つなぎ）」と「リフレクション（省察）」という「21世紀型の授業と学び」を具現化した実践として評価できるだろう。

吉田さんの授業は、「正解を追求する授業（学び）」ではなく「探究を追求する授業（学び）」として組織されている。その有効性は明瞭である。この魔方陣の授業では、「知識の理解」よりも「知識の活用」が求められ、「知識の意味」よりも「知識の機能」が学ばれている。

その成果も明瞭である。生徒たちの探究は、数学的思考の重要な要素である「パターン認識」と「推論的思考（reasoning）」によって遂行され、「数学する（doing math）」学び、すなわち「真正の学び」（authentic learning）が実現している。

さらに吉田さんは、グループ活動の間、生徒一人ひとりへの個への対応（テーラーリング）により困難を感じている生徒を仲間とつなぎ、教材とつないでグループ内と教室内の学びを響き合わせている（オーケストレーション）。このような「コーディネーション（協応）」と「リフレクション（省察）」による授業づくりが実現していた。

三春中学校のように新型コロナ下においても、探究と協同による学びが各地の教師たちによって創造されている。翌日訪問した須賀川市第二中学校も同様だった。第二中学校の提案授業では、社会科歴史（1年「古代国家の歩みと東アジア世界」：榊原純子教諭）の授業が公開され、『続日本紀』の原史料を使って班田収授法から墾田永年私財法への移行が学ばれていた。須賀川市は三春町に先駆けて、森合義衛教育長のもとで市全体で学びの共同体の改革を推進している。三春町と須賀川市は車で30分程度の距離である。今後、この二つの地域が協同のネットワークを築くならば、改革はいっそう進展するだろう。

新型コロナとの闘いは長期戦であり、その過程の教育の是非が、子どもたちの将来と地域の将来を決定づけるだろう。感染予防と学ぶ権利の保障と質の高い学びの創造のどの一つもないがしろにしない取り組みが求められている。

新型コロナ下で前進する学びの共同体

新型コロナ下の学校

新型コロナが２０２０年１月に勃発し学校訪問が不可能になった時、「学びの共同体」の改革は後退を余儀なくされると誰もが危惧していた。ペア学習もグループ学習も校内研究会も規制され、公開研究会が禁じられる状況で「学びの共同体」の改革を持続させ継続することは可能なのだろうか。私自身、この状況が半年持続すれば、「学びの共同体」の改革に挑戦している約３千校の学校のうち半数が中断してしまうことを覚悟していた。ゼロからの再出発になると。

ところが事実は真逆であった。現在まで、各地の「学びの共同体」の実践校で、改革を中断した学校は一校も報告されていない。それどころか、２０２０年７月以降、各市町村

足利市北中学校の探究と協同。

教育委員会のコロナ対策の規制が徐々に緩和されるにつれ、ほとんどの学校で教師も子どもも待ち構えていたように改革を復活させてきた。それだけではない。新型コロナ下で「学びの共同体」を新たに開始する学校と教育委員会はむしろ増えつつある。私の危惧とは真逆に、新型コロナによって「学びの共同体」はいっそう渇望され、その改革も実践も前進している。

もちろん今もって制約は多い。教室の机の配置やグループ活動に対する規制と校内研究会と公開研究会の規制は、市町村教育委員会によって千差万別である。今なお机の配置をコの字やグループ型にすることを禁じている市町村もあれば、２０２０年７月（９月）以降はコロナ以前の机の配置と協同的学びを中心とする授業を行えるようになった市町村もある。校内研究会は9月以降、全国ほとんどの学校で可能になったが、外部からの参観者を受け入れる公開研究会はほとんどの地域で認められていない。そのため7月以降、Ｚｏｏｍによる研究会参加が多くなり、公開研究会も近隣の学校をサテライトにしてＺｏｏｍで開催することが多くなっている。公開研究会が可能になった学校でも、来訪者を「市内」「県内」に限定したり参加人数の上限を設けて開催している。

さまざまな制約は多いのだが、２０２０年７（９）月以降、「学びの共同体」のネットワークに参加するほぼすべての学校が「改革」を復活させた。どんなに困難な条件下にある学校でも改革は再燃した。たとえば、授業中の子どもの発言が一切禁止された学校でも、４人グループの配置で資料を十分に準備して、子どもたちは資料を指さし目と目で沈黙の会話を交わし、それでも通じなければ筆談によって協同的な学びを実現していた。子どもの学び合いに対する渇望はものすごい可能性を秘めていた。

他方で、５月、６月の過剰な規制によるダメージは少なくない。「学びの共同体」の学校は、社会的経済的文化的に不遇な子どもたちを多数抱えている学校が多い。それらの子どもたちはつながりを断たれるとすぐにつぶれてしまう。市民や保護者が学校に対して批判的な地域では、机の配置を変え協同的な学びを中心とする授業を再開することは市民や保護者のクレームの対象になりやすい。その規制のもとで、貧しい家庭の子どもたち、家庭環境が不遇な子どもたち、発達障碍のある子どもたちが次々とつぶれていった。そのため、どの学校でも9月以降「一人も独りにしない」教室を授業によって回復し、この危機を見事に乗り越えてきた。「学びの共同体」の学校では「子どもを救い支えることができるのは子どもたちだ」という信念が子どもたちにも教師たちにも染み渡っており、この信念で一人残らず学びの権利を実現してきたのである。

子どもたちと教師たちの成長

２０２０年10月20日、10か月ぶりに神奈川県茅ヶ崎市浜之郷小学校を訪問した。新型コロナで訪問できない間に、野上美津子校長から青柳和富校長へと代わった。野上さんも青柳さんも23年前、浜之郷小学校が創設された時の教師であった。青柳先生は市教委学校教育課長からの転任だが、頭脳明晰で気遣いは細やか、それでいてスパッと出るときは出る大胆さもある。

同校を訪問するたびに思うことだが、浜之郷の子どもたちは他校には見られない特徴がある。所作が柔らかいし、しなやかである。そして誰もがつながっていて、あったかい。

息遣いも声も穏やかで、自然体でゆったり生きている。そして、どの子も学びが大好きで夢中になって学び合う。社会的経済的に困難な子どもたちが他校と比べて格段と多いのだが、どの子も幸福な表情で学校生活を送っている。

もう一つの浜之郷の特徴は若い教師たちが育っていることである。この日の訪問でもそのことを実感するものとなった。提案授業を行った教職3年目の中村俊太さんの1年「あきとなかよし（生活科）」の授業は感動的だった。入学当初から難しい子どもが多くいるクラスだが、その子たちが子どもたちに温かく包まれて夢中になって学んでいる。一人ひとりが個性的なのだが、その多様な個性が弦楽器の室内楽のような柔らかな響き合いをつくりだしている。どうして、こんな教室が1年生で生まれるのだろう。しかも新型コロナの厳しかった条件のもとで。中村さんの3年間の成長は著しい。

授業は、前の授業で調べた雑草地と野菜畑を比較し、どちらが好きで、校庭のこの二つの土地を秋を迎えてどう変えていきたいのかを全体の学びとペアの学びで深めていった。雑草の中の虫が大好きな子どもたちは、もう一方で虫が野菜を食べてしまうことも知っている。秋を迎える中で、どう雑草地と野菜畑をつくりかえていきたいのか。子どもたちは夢中になって学び合い考え合った。

この教室の素晴らしいところは1年生でしかも半年しか経ていないのに「聴き合う関わ

り」が驚くほど育っているところにある。発言するとき、どの子も一人残らず聴いている
ことを確かめて話し始める。数人でも自分の方に目を向けていないときは、じっと待って
いるのである。それでも数人が自分に向いていないときは、「みんな話してもいい？」と
尋ねて「いいよ」という他の子たちの返答を待って話し始める。つまり「聴き合う関わり」
が習慣化しているのである。

その秘密は、中村さんが誰よりもよい聴き手として存在していること、そして中村さん
の息遣いが子どもたちのゆっくりした時間としっくり協応していること、さらに子どもの
身になって学びをデザインし組織していることにある。浜之郷の同僚性は若い教師たちを
このように成長させる教師文化を備えている。

教材の研究も確かである。単元を通じて中村さんは、子どもたちの自然との関わりに現
代語の「自然」ではなく古来の言語感覚の「ジネン」を感じ取り、そこを育てることを追
求して授業づくりを行ったという。

同じく提案授業を行った竹内良夫さんの6年道徳「友情と信頼（異性の理解と協力）」
も素晴らしかった。竹内さんも教職5年目の若い教師である。竹内さんの授業は不思議な
安定感と安心感が醸し出されている。いつもそのことに感銘を受けてきたのだが、この日
は、その秘密がどこにあるのかを学ぶことができた。子どもたちがどの子も安心感をもっ

て学んでいるのは、何よりも竹内さんが穏やかで一人ひとりの子に繊細なまなざしと言葉かけを行っていることにある。さらにグループの活用が見事である。この授業でも何度もテクストにもどしグループにもどしながら、誰もが多様な学びを創出し一人ひとりが学びの主人公になれる要件をつくりだしている。さらに竹内さんの授業における安心感と安定感は学びのデザインが構造化されていることにある。竹内さんは、授業後の研究協議会で「いつも授業前にあれこれを捨て去ってデザインをシンプルにするよう心がけている」と語っている。これこそデザインの極意なのだが、彼はその極意を体得してきた。

この日、中村さんと竹内さんと並んで教職3年目を迎えるもう一人の中村さんの授業も参観したが、昨年から格段と質の高い協同と探究が生み出される学び合う関係づくりが実現していたし、同じく浜之郷で臨採を経て新任教師になった佐藤さんは、教材研究のため広島まで行って原爆資料館で調査を行ってきたという。「学び続ける教師だけが教職の幸福を享受できる」と私はいつも唱えるのだが、浜之郷の若い教師たちは、この私の提唱を身をもって示している。

新型コロナ下における改革の前進

２０２０年10月21日、栃木県足利市北中学校（須藤泰章校長）を訪問した。同校はかつては問題行動も不登校も多く、低学力に苦しみ、県内で有数の困難な学校だった。その学校の改革を求めて「学びの共同体」の改革に着手したのが6年前、以後、問題行動はゼロとなり、不登校も激減、学力も飛躍的に向上した。同校の訪問は5回目である。私も学びの共同体スーパーバイザーの新村純一さんも共に驚嘆したのは、新型コロナ下で改革が素晴らしい前進を遂げていたことである。どの学校でも5年改革を持続すると質的な変化が起こり、「学びの共同体」の理念と哲学と活動システムが学校文化として身体化され、子どもたちにも教師たちにもＤＮＡのように継承されることになる。同校の現在はまさにその典型と言ってよいだろう。

どの教室を訪問しどの授業を参観しても、誰一人独りになっていないことはもちろん、一人残らず授業の最初から最後まで夢中になって学び合っている。この学校は不幸な環境で育った子どもたちが多数施設から通ってくるのだが、その子たちも仲間たちのケアによって幸福な笑顔を交わし合って学びに専念している。前年と比べて著しい前進である。このような前進を新型コロナ下で達成した学校の姿は感動的である。ウィズ・コロナの学校は、このような可能性も内側に秘めている。

高校改革への展望
―ヴィジョンと哲学に支えられて―

新型コロナのもとで探索される学びの未来

新型コロナのもとで学びの未来が探索されている。２０２０年11月に入って私の学校訪問はさらに活発化している。この2週間で参加した研究会は群馬県渋川市赤城北中学校（小倉弘之校長）、埼玉県坂戸市教育委員会（安齊敏雄教育長）、宮城県富谷市教育委員会（及川芳彦教育長）、埼玉県飯能市富士見小学校（浅沼健一校長）、愛知県小牧市岩崎中学校（林文通校長）、京都教育大学附属桃山中学校（原田信一校長）、大阪府東大阪市金岡中学校（吉川貴代美校長）、岐阜県立岐阜商業高校（古田憲司校長）である。どの教育委員会と学校においても、新型コロナの感染予防を十分に施しながら、「探究と協同の学び」を前年度以上に追求して質の高い学びを創造していた。素晴らしい前進である。

これらの学校の改革にはそれぞれ歴史がある。金岡中学校は「学びの共同体」を開始して16年、社会的経済的に不遇な子どもたちが多数通ってくる同校において、すべての子どもの学ぶ権利を保障し、一人も差別も排除もしない学び合いを実現してきた。富谷市教育委員会と坂戸市教育委員会は約6年前から「学びの共同体」を市内の学校のすべてで追求し、年々進歩を遂げている。富士見小学校は改革を6年間継続して、「学びの共同体」が学校文化のDNAとして子どもたちと教師たちに身体化しており、市全体の学校改革を主導するパイロット・スクールの役割をはたしている。岩崎中学校は2度目の訪問だが、13年ほど前に応時中学校を拠点として学びの共同体を普及させてきた小牧市の中学校である。赤城北中学校への訪問も昨年に続いて2度目だが、小倉校長は、15年以上前から「学びの共同体」のパイロット・スクールを多数訪問し各地の学びの会にも参加して、学校改革に挑戦し続けてきた教師である。他方、京都教育大学附属桃山中学校は2019年に改革を導入した学校であり、岐阜商業高校もこの年度から改革を開始した学校である。それぞれ地域も歴史も校種も異にしているが、どの学校も新型コロナの制約を乗り越えて、「学びの共同体」の理念と哲学による改革を前進させている。

なぜ、「学びの共同体」の学校では、新型コロナによる数々の制約にもかかわらず、授業改革を前進させ、学びの質を高める実践を創出しているのだろうか。この半年、学校を

県岐商の探究と協同の学び。

訪問し（あるいはZoomで）授業参観と研究協議を行うたびに、この問いを考え続けてきた。

その答えはいくつも想定できるが、新型コロナによる休校措置や授業スタイルの制約を体験して、子どもたちも教師たちも「探究と協同の学び」の価値を再認識したことがあげられよう。これらの学校では、共に学び合い探究し合う幸福感が、教師たちと子どもたちの改革の推進力になっている。

もう一つ重要なことを指摘しておかなければならない。「学びの共同体」は方式ではなく、ヴィジョンであり哲学であり活動システムである。そのヴィジョンと哲学が、先行き不透明な学校において授業と学びの希望を生み出している。こういう状況だからこそ、確かなヴィジョンと哲学による改革が求められているのである。

高校改革の現実

岐阜商業高校は「県岐商」と呼ばれている。創立116年の伝統校であり、「流通ビジネス科」「ビジネス情報科」「会計科」「グローバルビジネス科」に約1100名の生徒たちが学んでいる。同校の学力水準は高く、税理士資格や簿記検定や英語検定で、全国トップ水準を誇っている。同校はスポーツ選手を多数送り出してきた学校でもある。公立高校では甲子園出場の最多記録を有し、30名以上のプロ野球選手を送り出してきた。その他の競技でも高橋尚子をはじめ多くのオリンピック選手を輩出してきた。同校は、進学率も高く、約7割が大学、1割以上が専門学校に進学し、就職は2割弱である。

同校が「学びの共同体」の改革に着手した契機は3年前、隣接する岐阜北高校が「学びの共同体」の改革に着手し、その公開研究会で私の講演を県岐商の古田憲司校長が聴いて、改革を決断したことにある。幸い、岐阜市の「学びの共同体」のパイロット・スクールとして画期的な成果をあげていた清流中学校も同校のすぐ近くに位置している。古田校長は、『学校を改革する―学びの共同体の構造と実践―』（岩波ブックレット）を全教員に配布し、改革の一歩を踏み出した。

　しかし、高校における「学びの共同体」の改革は容易なことではない。その難しさは日本の高校の特殊性に起因している。まず日本の高校は受験と多様化により、高校の数だけ異なる高校が存在している。そもそも高校入試が行われている国は稀である。アメリカやカナダやオーストラリアやニュージーランドなど英語圏の国では、高校はほぼすべてが普通科（総合制）の学校であり、入試選抜なしで高校に進学している。北欧諸国も同様であり、フィンランドのように普通科高校と理数系高校を分けている国もあるが、入試があるわけではない。ドイツやフランスなどは三分岐システムの伝統を残しているが、入試で振り分けているわけではない。韓国の高校は約50年前に平準化政策で入試は廃止され、台湾の高校は9年前の「12年義務教育制度」によって入試は廃止されている。したがって、現在、高校入試を行っている国は、日本とシンガポールと中国（中高一貫校が多数）など、一部の国に限られている。

　さらに、日本の高校の授業改革は世界で最も遅れており、多くの高校で50年前と何ら変わらないスタイルの授業が行われている。授業の事例研究を行う校内研修も世界一低調である。それらの結果、生徒たちの校外での学習時間は世界一少ない。その責任を教師たちの怠慢に求めるのは誤りだろう。長年にわたって高校の授業の後進性は放置されたままであった。高校は都道府県立であり、改革や研修の責任は都道府県教育委員会が負っている。しかし戦後直後から１９７０年代まで、都道府県教育委員会は進学率の急増に伴う学校増設に追われ続け、１９８０年代以降は新自由主義政策（市場競争）のもとで学科・コースの創設競争と入試制度改革に翻弄され続けてきた。授業の改革、学びの改革、校内研修の改革は置き去りにされ続けてきたのである。

商業高校の将来像へ

近年、専門学科をおく高校の改革が活発化しつつある。その先陣を切っているのは農業高校であり。生命科学をベースとしたカリキュラムと食品開発を推進する教育など、新時代にふさわしい刷新をはかって成果をあげている。農業高校に次いで工業高校でも、ＡＩ時代に対応して情報科学教育が推進されている。それに対して、商業高校の改革は最も立ち遅れている。商業高校の多くは地域経済のリーダーを輩出してきた伝統校である。しかし、簿記と会計の資格取得を中心とする教育で急変する社会と経済に対応できるのだろうか。

県岐商の教師たちは、この難問に直面している。簿記と会計の資格取得において、同校は日本トップ水準の実績をあげている。しかし、資格試験対策の授業と学びは一時的成果に直結しているが、その学びの結果は資格取得後に消え失せてしまう。さらに簿記と会計の資格は、大学進学の推薦枠と結びついているが、大学進学の大半が推薦入学という実態は、生徒たちの学力が実力としては伸びていないことを示している。

若年層の就労スタイルは変化している。高卒就労者の4割以上が3年以内に転職し、大卒でも5年以内に3割以上が転職する時代である。商業の知識や技能および簿記や会計のスキルが、生徒たちの将来を保障する時代ではなくなっている。

より深刻な社会の変化が、AIとロボットとモノをつなぐインターネット（IoT）で象徴される第4次産業革命である。第4次産業革命によって、2035年までにイギリスでは34%、アメリカでは42%、日本では49%の労働が喪失する可能性が指摘されている。これまでの産業革命と同様、この革命によって新しい労働も創出されるが、第4次産業革命は頭脳労働まで技術化するため、新しく創出される労働のほとんどは現在の労働よりも知的に高度な労働である。第4次産業革命は現在、金融と会計処理の領域に浸透し、銀行業務の多くが激減する状況である。簿記と会計の労働は近い将来、大半が消滅してしまうだろう。未来を展望するならば、これからの商業高校は、大学卒業後自らの会社を興す起業家を育てる教育へと転換すべきである。

県岐商の公開授業「マーケティング」（1年）「情報処理」（1年）「世界史」（2年）の授業は、いずれも「創造性」「探究」「協同」を追求する授業と学びの改革の方向性を示すものであった。「創造性」「探究」「協同」の三つは、第4次産業革命が進行する世界各国における授業改革のキーワードである。

同校の私の講演には県内20の高校がZoomで参加した。総じて若い高校教師たちは授業と学びの革新に対して積極的である。どの高校でも生徒たちは、授業と学びの改革に教師以上に積極的に応えてくれる。

県岐商は、新型コロナのクラスターが発生したこともあって、学びの共同体の改革は小さな一歩を踏み出した段階にすぎない。しかし講演を聴く教師たちは誰もが真剣そのものであり、改革への熱意が会場に満ちあふれた2時間であった。同校が、県立高校の改革のパイロット・スクールになる可能性と全国の商業高校に新たなヴィジョンを提示する可能性は十分存在する。このヴィジョンを掲げて同校の改革に教師たちと共に参加したい。

探究と協同の学びの再革新（リ・イノベーション）

学びの革新の再革新

新型コロナのもとで「平等公正な教育（equitable education）」と「学びの再革新（re-innovation of learning）」が求められている。新型コロナは子どもたちの学びの権利を剥奪し、学びの質を劣化させているが、そのダメージは社会的経済的に困難な子どもたちを直撃している。国連などの報告書を読むと、貧困層の子どもへのダメージは通常の子どもと比べ5倍になるという。「平等公正な教育」は、それぞれの子どもの抱えている学びの障碍を取り除き、一人残らず学びの権利を保障することにある。学びの共同体では「身体的距離はとりながら社会的つながりはより大切に（physically distancing, but socially connected）」と「一人の子どもも一人の教師も独りにしない（No child alone, no teacher

学びの主人公として探究する生徒たち。

alone)」を標語として改革を推進してきた。

もう一つの「学びの再革新」も重要である。ウィズ・コロナ、ポスト・コロナの社会は、経済的・文化的・政治的にいっそう複雑で困難な社会である。その時代と社会に適応し備える学びが求められている。すでに「21世紀型の学び」は30年間で世界全域に普及し定着している。その学びを「再革新（リ・イノベーション）」することが提起されている。

日本の授業は、アクティブ・ラーニングの普及によって著しく改革されてきた。2003年PISA調査の結果を見ると日本の授業は「探究」(inquiry) において比較対象40か国中最下位、「協力」(cooperation) において最下位から2番目

（最下位は韓国）であった。世界的に見て改革が最も遅れた国であった。しかし12年後の2015年PISA「協同的な問題解決」（collaborative problem solving）の調査ではトップに躍り出ている（韓国は学びの共同体によって5位に躍進）。このアクティブ・ラーニングによる授業改革の潮流は、その後も継続している。

現在、日本の授業は二つの次元で変化が起きている。一つは、授業と学びの基軸の変化である。これまでは、①「理解（正解）」を追求する授業と学びがほとんどであったのに対して、②「探究」を追求する授業と学びが拡がっている。私の参観した授業で言えば、①と②はすでにほぼ半々になっている。1時間の授業で教えている知識や情報は、今やインターネットで調べれば、ものの1分でわかる時代である。それらの知識や情報の活用が求められているのであり、この変化は時代を反映したものと言えよう。

もう一つは、①知識を理解したうえで応用と発展へと向かう授業と学びがほとんどであったのに対して、②知識の活用をとおして理解も形成する授業と学びが拡がっていることである。この二つのタイプも、私の参観した経験で言うと、ほぼ半々に近づきつつある。

この変化の意味は大きい。①のタイプの授業と学びにおいては「知識の意味」が教えられ学ばれているのに対して、②のタイプの授業と学びでは「知識の機能（働き）」が教えられ学ばれることが追求されているからである。もちろん「知識の意味」も「知識の機能」

も二者択一で扱われるべきではなく、双方が重要である。しかし、②のタイプの授業と学びが拡がっていることは、知識の「機能」の学びをとおして「意味」も理解するという新しい探究型の授業と学びが拡がっていることを示している。

学びの主人公としての子ども

２０２０年12月5日、広島市の祇園東中学校（橋本忍校長）の公開研究会に参加した。修学旅行も体育祭も文化祭も中止した同校だが、公開研究会は中止するわけにはいかなかった。毎年同校の公開研究会には全国から２００名以上の参観者が来訪する。この年は新型コロナ対策で参加者を県内に限定し例年通りの20名程度と想定していたが、当日は県内だけで１０３名の参観者が訪問し熱心に学び合った。今、教師たちは、パンデミック発生前よりも、いっそう授業と学びの改革の必要性を感得し、研修の機会を待ち望んでいる。

祇園東中学校が学びの共同体の改革を始めたのは２００５年、校長だった北川威子さん（学びの共同体スーパーバイザー）が、静岡県富士市岳陽中学校の改革に感銘して導入した。それから16年、多少の波の変化はあったが、現在まで一途に改革を持続してきた。この年度も教師の3分の1が入れ替わり、年度当初から新型コロナの制約が厳しい中で、改革の歩みを前進させてきた。それでも4月から6月は厳しかった。休校中に不登校の生徒が増加し、1年生は落ち着かない状態からスタートせざるをえなかったという。

午前中、すべての教室を参観したが、どの教室の生徒たちも素晴らしかった。心配とされる1年生の五つのクラスも、どの生徒も学びに目覚めた段階で、一人も独りにならず笑顔を交わしながら学びに専念していた。通常ならば7月段階の学び合う関係と学びへの集中が、5か月遅れではあるが、成立している。上出来である。他方、2年生の5クラス、3年生の5クラスの生徒たちは素晴らしかった。同校は一昨年から高いレベルで安定していたが、さらに生徒たちの学びと学びの関係は進歩していた。その姿を目の当たりにして、15年間で培われた改革の伝統が、今やDNAとして生徒たちと教師たちに身体化され、学校の文化として根づいていることを実感した。

想像してみてほしい。600名以上の生徒たちが一人残らず学びの主人公になり、授業（50分）の最初から最後まで夢中になって、どの学校よりも高いレベルの学びに挑戦している。これが学びの共同体の学校の素晴らしさであり、最大の魅力である。

この日、午後の提案授業を行ったのは、中堅の牧野誉さんである。2年生の数学「三角形と四角形」である。牧野さんは開始のチャイムと同時にプリントを配り、ただちにグループによる協同的な学びが開始された。

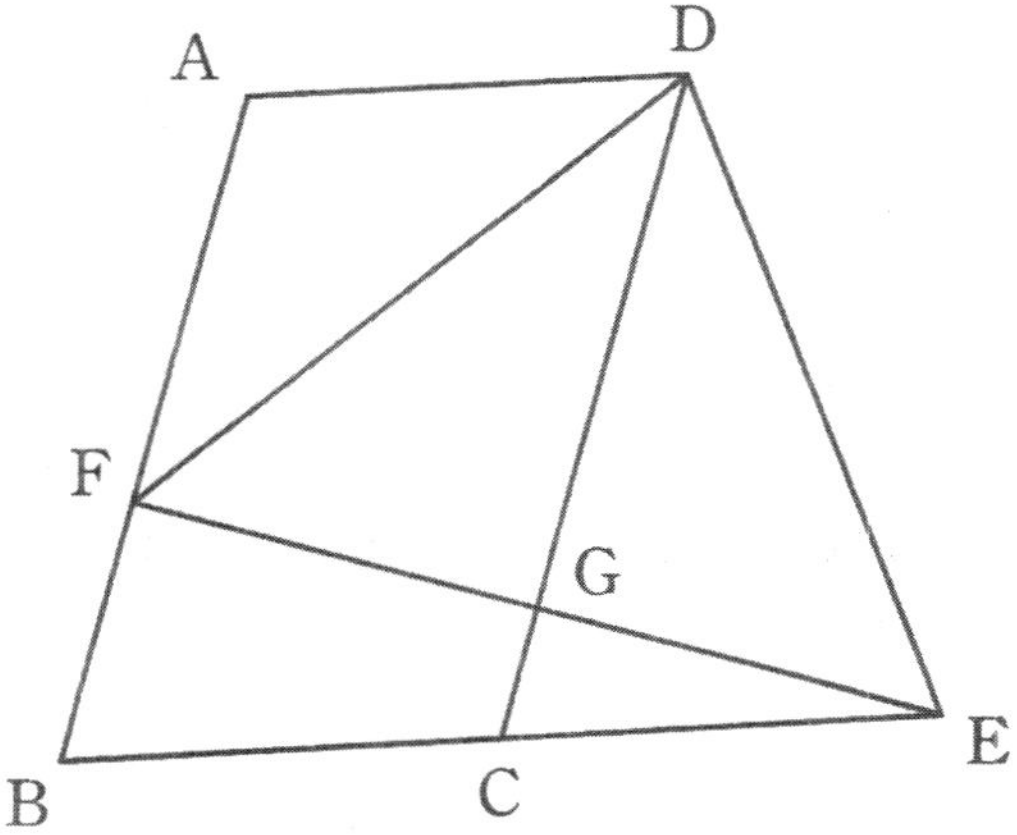

授業のデザインは、〈共有の学び〉と〈ジャンプの学び〉が一つの課題で統合されていた。図をご覧いただきたい。「四角形ＡＢＣＤは平行四辺形、ＢＣ=ＣＥであり、AB⊥EFである。∠BEFが17度のとき、∠AFDの角度は何度か」。これが課題である。この問題解決のプロセスのうち、与えられた条件からわかる限りの角度を求めるのが〈共有の学び〉である。この問題を解決するためには、補助線を引くことが必要なのだが、その補助線を引いて最終的な答えに到達するまでが〈ジャンプの学び〉である。

どの生徒の学びも素晴らしい。グループ内の会話に耳をすますと、どの生徒もそれぞれの考えを披瀝し合う「発表的会話」ではなく、それぞれの思考におけるつぶやきや探りの言葉を交流する「探索的会話」を行っている。このつぶやきの交流が協同的探究においては決定的に重要なのだが、この生徒たちはその学びのスタイルを体得していた。

牧野さんは〈共有の学び〉が順調に進んだことを生徒の発表によって全体で確認し、補助線が必要なことを伝えて〈ジャンプの学び〉へと移行した。グループは、ＢＥに平行な補助線をＦから引くグループとＡＤを延長して大きな平行四辺形で図を囲むグループの二つに分かれた。難しい問題だが、この補助線によって△DFGと△DEGの合同が証明され、それによって∠AFDが求められる。授業の終了時点で、正解に達したのは5分の1ほどの生徒たちだったが、どの生徒も協同的な探究の歓びを満喫していた。

学びのデザインのイノベーションへ

授業協議会では、生徒たちの学びの事実の観察を踏まえ、①真正の学び（authentic learning）、②聴き合う関係、③ジャンプの学びという「質の高い学びの3要件」に即してリフレクションが行われた。生徒一人ひとりの固有名が頻出する質の高い協議会だった。「21世紀型の学び」の再革新を推進する教師は、①学びのデザイン、②学びのコーディネーション（聴く、つなぐ、もどす）、③学びのリフレクションの専門家として授業を遂行している。

これからの教師の力量として「デザイン」「コーディネーション」「リフレクション」の三つのいずれもが重要だが、学びの再革新を推進するうえで、日本の教師に今後いっそう必要とされるのは、学びの「デザイン」を推進する教科の教養だろう。文学の授業であれば、文学の教養、歴史の授業であれば歴史の教養、数学の授業であれば数学の教養である。しかも、教科の教養の基礎となる学問研究は、日進月歩で進歩している。特に〈ジャンプの学び〉をデザインしようとすると、教科書や指導書の知識だけではまったく不十分で、教科書の内容の基礎にあり向こう側にある教科専門の最新の学問の世界を知っておかなければならない。

日々、多忙に追われる教師生活の中で、とりわけ多教科を教える小学校の教師において、どのようにして教科の教養を高めればいいのだろうか。近年、多くの教師たちからこの質問を投げかけられてきた。一つの単元に入る時、一冊の新書や文庫でもいい。あるいはネット上に公開されている一つの論文でもいい。その新しい知識にアクセスすることを習慣にすることをお奨めしたい。

学びの再革新へ
——科学的探究のデザイン——

探究と協同の学び

新型コロナで1都2府8県の二度目の緊急事態宣言が出て8日目（2021年1月21日）、静岡県富士市元吉原中学校（久保田実校長）を訪問した。同校は学びの共同体の改革を12年間継続し、常に安定して高い水準の学びを実現してきた。この日は公開研究会の予定だったが、新型コロナ対応で全国からの訪問を断り、私と研究支援を行っている「はごろも教育奨励会」の担当者だけを受け入れた校内研究会となった。

新型コロナ下の学校で何より重要なことは、感染対策を十分行いつつ、「平等公正な教育（equitable education）」を実現することと「学びの再革新（re-innovation of learning）」をはかることである。この二つは、世界の学校改革の共通目標になっている。

「平等公正な教育」とは、パンデミックによって生じている教育格差の克服であり、一人残らず学ぶ権利を実現することにある。「学びの再革新」とは、新型コロナ、ポストコロナ時代に対応して、今まで以上に学びのイノベーションを促進することである。しかし、残念なことに多くの学校は「感染対策」に追われ、一人ひとりの子どものケアに配慮する努力は続けられてはいるものの、「学びの再革新」はほとんどの学校で取り組まれておらず、さまざまな制約のもとで学びの質の劣化が起こっている。この要因の一つは、文部科学省も地方教育委員会も「感染対策」中心に学校を指導し、アクティブ・ラーニングの推進についてては支援を怠っていることにある。教育行政の責任の中心は「保健衛生」ではなく「教育」にあることを再確認する必要があるだろう。

元吉原中学校は、学びの共同体が教師にも子どもにもDNAのように継承され、学校の文化として根をおろしている。教師の同僚性も子どもたちの探究と協同も安定し、質の高い実践を創造してきた。新型コロナ下においても、その特徴は何ら変化していなかった。期待通りである。

同校のすべての教室の参観を終えて、この学校のように新型コロナ下でも質の高い学びを創造し続けてきた学校と、感染拡大に追われ学びの質を劣化させてきた学校との格差が拡大し続けていることを憂慮しないではいられなかった。この格差は深刻である。元吉原中学校の生徒たちは幸福であり、彼らの未来は開かれている。しかし、新型コロナ対応に追われて旧来型の一斉授業しか経験していない子どもたちの未来は閉ざされている。たった1年であっても学びの質の劣化による損失は甚大である。

元吉原中学校における「学びの再革新」の進展は、午後の提案授業と授業協議会で確信することができた。提案授業を行ったのは亀井鮎美さん（教職約10年）、教室は1年2組、授業は理科の「光の屈折」である。授業を参観して印象深かったことは二つ、一つは5月末日まで休校状態が続き、6月1日から開校したものの授業と学びへの制約が厳しかった1年生の生徒たちが、通常より数か月遅れたとはいえ、一人も独りにならず誰もが学びの主人公になって探究と協同の学びを見事に実現していたことである。もう一つは、亀井さんの学びのデザインと授業のコーディネーションと学びのリフレクションが秀逸であり、「学びの再革新」の要請に十分応える実践を行ったことである。この提案授業に新型コロナ、ポストコロナ時代の授業と学びにおいて希求すべきヴィジョンが具現化されていた。

科学的探究とは何か

授業が開始されると、亀井さんは最前列の生徒を前に呼び、教卓の上のビーカー越しに

科学的探究の風景。

右手に旗をかざしたドラえもんの絵を見せた。少し痩身に見える。そのままビーカーに水を入れると、生徒は「右左が逆転した」と驚きの声をあげた。ここまでで3分、すぐグループごとに実験に入る（課題1）。ビーカー越しにドラえもんの絵を見て、次にビーカーに水を入れドラえもんを少しずつビーカーから離すと、最初は少し大きく見え、次にはぼやけて、その後に左右反対のドラえもんが現れる。

なぜ、ある距離になるとドラえもんが左右逆になって現れるのか、なぜ上下は逆にならないのか、グループごとに探究が始まり、その発見と探究をホワイトボードに表現する活動が始まった。教室の後ろには、水を入れたビーカーを光線がどう通過するかを可視化できる実験装置が準備され、いくつかのグループは実験で確かめている。

課題1の作業を10分ほど行った後、亀井さんは全体にもどし実験で発見したことの交流を促した。①水を入れたビーカー越しでは、目とビーカーとの間がある距離になると左右逆のドラえもんが現れる、②左右逆にはなるが、上下は逆にはならない。これらの発見が確認され、その原因の予測を言葉で表現する交流が続いた。光の屈折は空気と水の入ったビーカーとの接面で起こっていることなど、大切な発言が出ると、亀井さんは何度かグループにもどして一人ひとり自分の言葉で説明できるよう促した。この「もどし」によって一人残らず学びの主人公になる生徒たちが育つのである。

課題2は、上記の①、②の現象を作図で説明する課題である。グループごとにドラえもんと水の入ったビーカー（円形）が描かれた図が配られ、この図に光線を描き込むことで、現象を説明するモデルの構成が追求された。グループの子どもたちは、課題1以上に夢中で探究し合い、ドラえもんの左右からの光が水の入ったビーカーで屈折した線と、ドラえもんの左右それぞれからビーカーを直進して進む光の線との交点を描き、この交点で左右逆のドラえもんが結像することを説明し合った（課題2のグループ活動は約15分）。

再び、全体にもどして作図による説明を交流した後、最後にグループで課題2の作図で説明したことを言語化し概念化する活動（課題3）が行われた。授業後の子どもたちは、どの子も科学的探究の達成感と夢中になって協同で探究し合った満足感にあふれていた。

亀井さんのデザインは秀逸である。光の直進と反射と屈折は、小学校で既習した内容であり、通常はつまらない授業になりがちである。しかし、この授業ではビーカーに水を入れるとビーカー越しの画像の左右が逆転するという興味深い実験を導入し、その現象を「作図」することで科学的探究を実現している。

理科における真正の学びは科学的探究にある。理科の授業は、通常「仮説」「実験」「検証」というお決まりのパターンで進行するが、「仮説」「実験」「検証」は十数通りある科学の方法の一つであり、科学的探究の本質でもない。「科学的探究」の本質は「自然現象（目に見える現象）を説明する理論モデルの構築」にある。この亀井さんの授業における学びは、「作図」が中心に展開され、「作図」によって「理論モデルの構築」に迫ることにより、真正の学びとしての科学的探究を実現していた。授業の最初から最後までどの生徒も夢中になって協同で探究し合ったのは、この科学的探究が「共有」と「ジャンプ」を一貫していたからである。

学びの再革新へ

元吉原中学校における「学びの再革新」は、新型コロナ下の現在、最優先で追求すべき課題である。なぜなら、子どもたちにとっては新型コロナの感染対策以上に第４次産業革命への対応の方が重要だからである。なぜか。

２０２０年10月、世界経済フォーラムは「仕事の未来レポート２０２０」を公表した。そのレポートによると、新型コロナによって第４次産業革命は加速し、２０２０年段階ですでに世界の労働の29％が機械化（ＡＩとロボット）されている。そして２０２２年までの２年間で、15領域の仕事で10％から20％の機械化が進むという（金融業20％、自動車産業19％、小売業17％、情報産業18％、教育14％、行政14％、医療保健11％など）。さらにレポートは、２０２５年までに現在の仕事の52％がＡＩとロボットに代替されると予測している。

これまでの産業革命が肉体労働を技術化したのに対して、第４次産業革命は肉体労働だけでなく、むしろ頭脳労働を技術化している。新しく創出される労働の大半は、現在の労働より知的に高度の労働なのである。今の12歳の子どもが将来就く仕事の65％は、今存在しない仕事である。子どもたちにとっては、第４次産業革命への対応の方が新型コロナ対応以上に重要であることを銘記する必要がある。さらにレポートは、この労働市場の変化に対応して失業しないために、世界のすべての労働者が２年間で「１０１日分の学習」を行う必要があると警告している。２年間で「１０１日分の学習」が必要という警告は衝撃的である。

世界経済フォーラムは２０２０年１月には「未来の学校―第４次産業革命のための新しい教育モデルの定義」を公表していた。「新しい教育モデル」として、①グローバル・シティズンシップの技能、②イノベーションと創造性の技能、③テクノロジーの技能、④対人関係の技能、⑤個人化された自分のペースの学習、⑥アクセスによる包括的学習、⑦問題中心の協同的学習、⑧生涯にわたる主体的な学習の８項目があげられている。

第４次産業革命とポストコロナに対応する学びについて、世界の教育学者は①創造性、②探究、③協同の三つを質の高い学びとして掲げている。元吉原中学校において参観した①一人も独りにせず一人残らず学びの主人公になった教室、②探究と協同で実現する質の高い学び、③学びのデザインとコーディネーションとリフレクションで構成される教師の専門性は、新しい時代を拓く学校と教室の姿を先駆的にさし示している。

第四部

学びの共同体のグローバル・ネットワーク

中国における授業改革と学びの共同体

韓国から中国へ

2018年3月、韓国の清州市・世宗市・ソウル市を経由し中国の湖南省株洲市と北京市の学校を訪問した。韓国訪問は、学習院大学の研修旅行の引率であった。韓国大統領文在寅《ムンジェイン》と北朝鮮の最高指導者金正恩《キムジョンウン》の南北会談(4月)が決定した直後であり、文大統領が「国民の権利」を「市民の基本的人権」に変え、労働者の権利の擁護を盛り込んだ憲法改正案を国会に提出する前日までの滞在だった。100万人のローソク・デモで朴槿恵《パククネ》大統領退陣を迫った広場では、人権の拡大と労働条件の改善を求める大規模なデモが行われていた。

清州市と世宗市では小学校2校と中学校1校を訪問した。いずれも革新学校であり、3

校とも学びの共同体の改革を推進していた。訪問者に私が含まれていることを前日まで知らなかった学校もあり、思わぬ歓待を受けることとなった。

韓国では、民主化運動が学びの共同体の推進力になっている。教育監（教育長）が選挙で選ばれるようになった２００９年以降、各地で「革新的教育監」が続々と誕生し、現在では教育監17人のうち13人が革新教育監となって、６００校以上の「革新学校」を創設して改革を推進している。それら革新学校の３分の２近くが学びの共同体の学校である。それに加え、残りの４人の保守的教育監のうち２人が学びの共同体の改革を推進している。

３月25日、ソウルを出発し北京を経由して湖南省株洲市に到着した。中国は「一帯一路」の経済開発を推進しているが、毛沢東の出身地である湖南省は取り残された感が否めない。３週間前にも同市の学びの共同体の学校（八達小学校）を訪問したが、その授業協議会に参加していた銀海小学校の教師から、65名もいる教室で、どのように学びの共同体の授業を実現すればいいか悩みぬいているという意見が寄せられた。それらの困難にもかかわらず、今回訪問した清水塘小学校においても学びの共同体の改革は素晴らしい成果をあげていた。

中国の学びの共同体の改革は、爆発的ともいえる普及を遂げてきた。最大の推進力は私の著書の出版である。２００２年に最初の著書『静かな革命』（今日まで２００万部以上出版）が出版されて以来、これまで10冊が翻訳されてきたが、多くがベストセラーとなり、毎年10万部から20万部も購読されてきた。「応試教育」から「素質教育」への転換という政府の教育改革が「21世紀型の学び」を提唱する学びの共同体の改革の普及をもたらしたのである。

中国の授業は、この15年間で驚異的な発展を遂げている。どの地域のどの学校を訪問してもドリルと暗記中心の授業は姿を消し、思考と探究を中心とする授業へと様変わりしている。改革の最も大きな要因は教師の専門性の向上にある。近年の教師たちは、専門的知識と使命感において卓越している。その変化が改革のドラスティックな展開を支えている。

改革の構図

協同的探究を中心とする授業への転換は、株洲市八達小学校の提案授業（4年算数）においても顕著であった。この授業は、「バス停から図書館までの道が2通り、図書館から遊園地までの道が3通りのとき、バス停から図書館に寄って遊園地に行く行き方が何通りか」を〈共有の課題〉で協同的に学び合ったのち、「さらに遊園地から植物園までの道が2通りあるとき、バス停から図書館に寄り遊園地に寄って植物園まで行く行き方は何通りか」を〈ジャンプ問題〉として協同で探究する展開であった。

思考と探究を中心とする中国の授業改革は、しかし、授業スタイルと学びのスタイルは、なお改革の途上にある。この現実が、学びの共同体の改革へと教師たちを駆り立てる強い動機になっている。カリキュラムが変わり教科書が変わって職員室に届いても、教室の授業スタイルと学びのスタイルは容易には変化しないのである。

中国の学校の制約についても触れておかなければならない。中国の小学校は、世界的に見て特異であるが、学級担任制ではなく教科担任制である。そのメリットは教科の専門性の高さに現れているが、デメリットも大きい。さらに中国の学校は大規模である。欧米諸国の小学校は児童数150人以下が一般的であるが、中国の小学校で1500人以上の児童数は普通である。2千人もの児童生徒数を抱える小中学校に学びの共同体を構築することは容易なことではない。中国の学校の有利な条件をあげるとすれば、校長の優秀さである。中国の校長は、リーダーシップや経営の能力だけでなく、授業実践の卓越性と教育の見識の高さによって任命されている。その結果、教師たちの校長に対する信望はあつい。

制度的な面で特徴をあげるとすれば、中国の学校では市や区の地方行政および党組織との緊密な関係が必須条件となる。学びの共同体の改革においては実績が保証されているので、この要件で困難が生じることは稀である。

むしろ中国における困難は、学びの共同体の改革が爆発的に普及していることにある。近年、各地に「佐藤学学習共同体」という呼称を使った企業体や団体が雨後の筍のように組織されて、さまざまな混乱が生じている。何億円という資金を集めている団体や企業体もあり、営利目的としか思えない会社もある。中国では国家事業として莫大な教育費が投じられており、行政予算においても4%を教師の研修費に充てることが定められている。そして経済活動が活発な開発区では、不動産ディベロッパーが顧客集めの「優秀な学校」を競争的に建設しており、目玉商品として「学びの共同体」が利用される例も珍しくない。このような複雑な状況で、中国の学びの共同体の改革は「爆発的」に普及している。

卓越した学校の創出

湖南省から北京市に移動して、豊台区の草橋小学校と第十八中高等学校を訪問した。草橋小学校は同区第五小学校と連携して4年半前に学びの共同体を導入した学校であり、この二つの小学校は、中国においてトップレベルの改革を達成している。同校の訪問は3度目だが、どの教室でも子どもたちの学び合いは秀逸であり、どの教師も専門的な成長が素晴らしい。どの教室を参観しても聴き合う関係が根づいており、協同的学びにおける子ども相互の親密さと対話的で探究的な学びが素晴らしい。中国の小学校では、どの学校も科学教育と芸術教育において個性を打ち出しているが、草橋小学校ではクラシック・バレエと国際交流において独自性を発揮している。クラシック・バレエによって培われた身のこなしが、教室における静かな学び合いと通じ合い、心地よい学校文化を醸し出している。訪問後、草橋小学校と第五小学校の二人の校長と食事を共にし、二つの学校が学びの共同体の最先端を開いていることを告げて、4月に二つの小学校と北京師範大学を会場にして全国セミナーを開催することを決定した。

北京市第十八中高等学校の改革も印象的であった。同校は2018年3月プロジェクトに参入することを決めたものの、6月に訪問したときは60以上の教室の大半が伝統的な一斉授業の枠を脱していなかった。このまま改革を続行すると学校内が分裂してしまうことを危惧した私は、プロジェクト参入を1年見送ることを校長と副校長に提案した。校長と副校長は「学びの共同体こそ長年求めてきた改革であり、この機会を逃すわけにはいかない」と私に懇願し、講演の直後、突然、校長が教師200名全員に対して、私の意見と校長の意見のどちらに賛成するかを投票することを求めた。驚くべき結果であった。

私の意見（1年見送り）に賛同者はわずか3人、残りは改革続行の意見であった。投票後、教師たちは「学びの共同体の理念や哲学は支持しても、どう実践に具体化すればいい

北京市第十八中高等学校高１数学「ハノイの塔」の教室風景。

のか、どこから着手すればいいのか、わからない」という悩みを次々と提出した。そして3か月後の9月に訪問した時は、すべての教室で学びの共同体の授業づくりが模索されていたのである。そして今回訪問しすべての教室を参観して、1年前には想定できなかった前進が確認できた。中国の学校改革は、絶望的と思われる状況から劇的に前進する不思議さがある。

第十八中高等学校の提案授業は高校1年数学「帰納的推論」であり、中堅の女性教師が有名な「ハノイの塔」を教材として、帰納的推論によって一般式を導く課題（共有の課題）と演繹的推論で公式を立証する課題（ジャンプの課題）で授業をデザインしていた。これも秀逸な授業であり、途中、一人の生徒の帰納的推論によって公式の証明のつまずきを即興的にとりあげることで、深い学びの探究へと発展した展開が素晴らしかった。

湖南省と北京市への訪問の1週間後の2018年4月5日から8日、山東省済南市を訪問する機会を得た。山東教育学会と山東現代教育研究院の主催による「授業改革全国セミナー」である。済南市への訪問は3年ぶり、2度目の訪問である。山東省は、まだ学びの共同体の改革は十分には普及していないと推察していたが、この地域でも学びの共同体の授業改革は着実に前進していた。セミナーの提案授業（小学校6年算数）は、ベテランの男性教師のオリジナルなデザインによる授業であった。1㎝間隔の格子状の点を結んでできる多角形の面積を求める授業であり、多角形の内部の格子の点が0のときと1つのときと2つのときの辺上の格子の数（b）と面積（S）との関係を求め（共有の課題）、そこから内部点がnのときの面積の公式を導いて任意の多角形の面積を求める課題（ジャンプの課題）の協同的学びが実践された。公式は$S = n + \frac{1}{2} \times b - 1$であるが、子どもたちはどのグループもこの公式（ピックの定理）を発見し、複雑な多角形の面積を求める探究的な学びを達成していた。この実践事例にも、中国における今日の授業実践の質の高さが表現されている。

南アフリカ共和国から韓国、メキシコ、そしてインドネシアへ

ケープタウンの世界教育会議

２０１８年８月５日から９日、南アフリカ共和国で開催された世界教育学会主催の世界教育会議招待シンポジウムにおいて「教育改革の二つの日本モデル」の講演を行った。「二つの日本モデル」とは、明治以来「圧縮された近代化」を達成した日本の教育モデルと、２０００年以降、アジア諸国を中心に爆発的に普及している学びの共同体の学校改革である。前者は、近代化の成功モデルとして１９８０年代までアジア諸国に普及するが、１９８９年のベルリンの壁の崩壊によるグローバリゼーションとバブル崩壊以後の日本経済の停滞により終焉した。後者の「学びの共同体」モデルは、グローバリゼーションによってアジア諸国を席巻する新自由主義の教育改革への対抗として普及している。

韓国学びの共同体研究所夏のセミナーの風景。

この世界会議には、アフリカ諸国を中心に世界50か国５００人以上の教育学者たちが参加した。なかでもドイツ国際教育研究所のエッカード・クリーメの基調講演は示唆に富むものだった。クリーメ教授は、１９９８年以降、ＴＩＭＳＳとＰＩＳＡの学力調査分析の責任者であり、講演では１９９５年以降のＴＩＭＳＳ調査の分析から、この20年間に小グループ学習と学力の関係が世界的に逆相関から相関へと転じている状況を報告した。そのうえで、クリーメ教授は、１９９５年当時、日本の小グループ学習の実施度は調査対象26か国中最低であり小グループ学習の実施度と学力とは逆相関を示していたのに対して、現在では日本の小グループ学習の実施度は調査対象

50か国中トップであり、その実施度と学力との関係は高い相関に転じたことをデータで提示した。この日本における小グループ学習の成功例としてクリーメ教授は日本の学びの共同体の授業風景をビデオで提示し、ドイツの小グループ学習との対比で、その優秀性にも言及していた。

学びの共同体の改革を世界的視野で位置づけ吟味する作業は、今後いっそう重要になるだろう。20年前からアジア諸国において学びの共同体の改革が爆発的に普及した背景として、グローバルな経済競争の激化があり、新自由主義の教育改革の普及があり、それへの対抗としてアジア地域における民主化の進展がある。授業改革の世界的動向も重要である。知識基盤社会の進展は、「探究」と「協同」を中心原理とする質の高い学びをどの国においても要請しているのである。そのことを実感する世界会議であった。

韓国

ケープタウンの世界会議に先立つ２０１８年7月26日と27日、韓国京畿道において第９回学びの共同体夏の全国セミナーが開催された。今年は小学校の夏休み前という開催日程のため参加者数の減少が危ぶまれたが、例年通り約１千名の教師たちが韓国全土から集まり、全体会における三つの学校・地域の実践報告、一つの授業事例（ＶＴＲ）とその事例研究、私の講演、および約20の分科会における授業事例（ＶＴＲ）の報告と協議が行われた。今年は新たに幼稚園における学びの共同体の分科会が設けられたのが特徴的である。

韓国における学びの共同体の展開は、日本と比べてより活発であり、エネルギッシュである。その背景に韓国全体で17人いる教育監（教育長）のうち13人が革新（民主的）教育監であり、保守的教育監の２人を含む15人の教育監が学びの共同体の改革を支援している状況がある。その行政的な支援を背景とし、革新教育監が推進する「革新学校」のネットワークを基盤として、学びの共同体の改革は韓国全土で展開されてきた。

しかし、今年の夏のセミナーに参加して、韓国の学びの共同体の改革が、革新教育監の推進する「革新学校」を基盤としつつも、いっそう自律的な展開を遂げつつあることを実感した。大会翌日の京畿道教育委員会主催の講演「第４次産業革命と教育改革」で話題にしたが、韓国は子ども一人当たりの教育市場の規模が世界最大であり、今後、ビッグビジネスの教育産業とＩＴ企業によって公教育が侵食される危機に直面している。伝統的な一斉授業の学校、貧困地域と低学力の学校は、そのターゲットにされてしまうだろう。学びの共同体の改革は、今まで以上に新自由主義の猛威との対決を迫られている。

転換期のメキシコへ

２０１８年９月25日から30日、メキシコシティの大学院大学エル・コレヒオ・デ・メヒコを訪問した。メキシコには１９９８年外務省の派遣でメキシコ教育大学で講演を行って以来５度訪問、２００１年にはエル・コレヒオ・デ・メヒコの招聘教授として３か月滞在した。今回は２００８年の教育省主催講演会から10年を経ての訪問である。今回の目的は、コレヒオ主催の日墨教育改革比較シンポジウムにおける講演および拙著『学校の挑戦』（スペイン語）の出版記念シンポジウムへの参加にあった。メキシコではこの年の７月の大統領選において中道左派のロペス・オブラドールが勝利し、従来の富豪と権力者の利益を追求する新自由主義政策に終止符を打つ大改革が準備されていた。この気運を背景にして「学びの共同体」の改革への関心が一挙に再燃し、４月に発売した『学校の挑戦』は半年を待たず９月に完売。出版と完売の記念シンポとパーティには１００名近い研究者、教師、院生が集って、学びの共同体のメキシコにおける意義と可能性について熱く語り合った。

メキシコは、アメリカと並んで学びの共同体が海外で最初に導入された国である。日墨教育改革比較シンポジウムでは、国際学力テストの順位は日本はトップレベル、メキシコは最低レベルという違いがありながらも、過去20年間、教育改革はいずれも新自由主義にもとづいて展開され、教育危機のほとんどが共通していることが確認された。公教育費の削減、公立の学校と大学の民営化、テストと評価のアカウンタビリティ政策、教師の国家統制と教職の脱専門職化、教師と親の分断と孤立などである。シンポジストと参加者たちは一様に、学びの共同体のヴィジョンと哲学と活動システムに讃辞を送り、この改革がメキシコで拡大することを期待していた。

私にとって啓発的だったのは、「オールタナティブな教育実践」としてのインディヘナ(先住民族）の学校の実践紹介だった。公的にはメキシコには人種差別はないと言われるが、肌の色による差別は歴然と存在する。メキシコ人のうちメスティーソ（先住民族と白人の混血）は６割、インディヘナは３割、残りの１割が白人（スペイン人）である。インディヘナは部族ごとに異なった文化と言語をもち、その文化と言語は絶滅の危機にある。シンポジウムにおける２人の教育学者の報告はいずれも先住民族の「文化コード」の「対話」によって民族アイデンティティの意識化をはかるフレイレのアプローチに通じており、伝統文化を絵本で表現し教科の知識と結合する素晴らしい実践であった。彼らは、その実践が学びの共同体と共通していると語ったが、私は、彼らの実践はかつての生活綴方教育と共通しているものの、今の日本では消滅していると思う。

メキシコ滞在中、二つの小学校を訪問した。一つは10以上の先住民族の子どもたちが学んでいるコロンブス小学校、もう一つは子どもと保護者と教師が協同で民主教育を推進する私立学校アクティブ・パイドス小学校である。コロンブス小学校では多文化教育を「文化の多様性」と「情動教育」の二つで追求しており、死者の日（11月2日）前日には、保護者と子どもによる各民族ごとの祭りの交流を行うという。他方、アクティブ・パイドス小学校は、フレネ、ピアジェ、ヴィゴツキー、マカレンコ、フレイレなどの教育を統合した実践を行っていた。同校の特徴は政治教育にある。訪問した前々日（9月26日）は、4年前ゲレーロ州の教員養成学校の学生43人がメキシコシティのデモに参加するバスで移動中に暗殺された日であり、この事件を本にし出版した同校の卒業生を招いて保護者と教師と子どもの学習会を開催したという。訪問した日も、1968年の大量学生弾圧事件（デモ中の学生数千人を軍隊が銃殺）の追悼抗議集会とデモ（毎年10月2日開催）に小学生の子どもたちと親たちと教師たちが学校ぐるみで参加する準備が行われていた。この集会とデモへの学校ぐるみの参加は25年以上続いているという。

新大統領は、就任前から子どもと若者の学習権の拡大、権力的官僚機構の解体、貧富の格差の是正など、大々的な改革を断行している。このメキシコの新しい民主政治は、グローバルな新自由主義政策とどこまで対抗し、どのような教育改革を導くのだろうか。メキシコにおける学びの共同体の改革は、この新しい市民政治の動向と運命を共にしている。

インドネシアへ

10月11日、12日、インドネシアのボゴールのパクアン大学で開催されたインドネシア授業研究学会第9回国際会議で基調講演を行った。この国際会議における基調講演は3度目であるが、毎年、学びの共同体の授業実践の質の高まりと改革の普及に感銘を受けている。この年も、大会の翌日、学会長のスマール・ヘンダヤナさんとボゴール郊外の学校を訪問したが、授業協議会における教師の観察と批評の向上を確認することができた。インドネシアにおける学びの共同体はＪＩＣＡの支援で開始され、中学校、高校の理数教育を中心に普及したが、現在では、小学校も含む全学校段階に及び、ＪＩＣＡから自立した展開へと発展している。インドネシアにおける学びの共同体も導入されて、すでに10年が経過し新たなステージへと向かっている。毎年の訪問が愉しみである。

中国における学びの共同体の前進
―二つの国際会議から―

第6回学びの共同体国際会議

２０１８年11月、学びの共同体に関係する二つの国際会議が中国において開催された。一つは、15日と16日に福建師範大学（福州市）において開催された第６回学びの共同体国際会議（10か国・地域７００名参加）であり、もう一つは23日から26日に北京師範大学で開催された世界授業研究学会（36か国・地域９００名参加）である。

中国における学びの共同体国際会議の開催は5年前の北京師範大学に引き継ぎ、２回目である。この2年間だけで、中国をはじめアジア諸国における改革の前進は質量ともに著しい。そのうねりを反映して、今回の国際会議は、どの講演も報告も質の高い内容となり、学校訪問も提案授業も授業協議会も最先端の水準で行われて参観者たちを感嘆させた。

第６回学びの共同体国際会議における提案授業。

今回の国際会議で基調講演を行ったのは、ピーター・ダドレイ（ケンブリッジ大学・世界授業研究学会会長）、秋田喜代美（当時東京大学・世界授業研究学会副会長、現在学習院大学）、朱旭東（北京師範大学教育学部長、現在学習院大学）、余文森（福建師範大学教育学部長）、孫于正《ソンウジョン》（韓国学びの共同体研究所長）、スマール・ヘンダヤナ（当時インドネシア教育大学、インドネシア授業研究学会会長）、シリパルン・スワンモンカ（タイ・チュラロンコン大学）、陳麗華（台湾・淡江大学）、それに私である。プレナリー・シンポジウムでは、８か国・地域の若手研究者10名が、教室の小さな事実から中央機関の政策にいたるマイクロ・メゾ・マクロの研究の知見が交流された。

それ以外に英語の分科会が三つ、中国語が一つ設定され、自由な研究交流が行われた。分科会の圧巻は中国語のセッションであった。学びの共同体を10年間継続してきた上海市の子長学校、4年間の着実な実績で中国全土の改革を主導してきた福州教育学院附属第四小学校、2年間で驚異的な改革を達成した北京市豊台区第五小学校の校長が、それぞれの改革の経緯と授業づくりと教師の同僚性について報告し、真摯な取り組みと高い見識によるリーダーシップは参加者たちを圧倒した。

1日目の午後は、福州教育学院附属第四小学校を訪問し、全クラスの授業参観、提案授業と授業協議会がもたれた。同校の学びの共同体の改革は7年前、林莘校長によって導入された。林校長は著名な国語教師であり、授業の卓越性によって同校の驚異的な改革を推進してきた。（現在、校長は前副校長の黄権さん）

全教室（約50教室）の参観で参観者たちを驚かせたのは、教室の静けさと聴き合う関係の見事さであり、自然体で柔らかく学び合う子どもと教師の素晴らしさである。

提案授業は、主幹教諭の陳秀娟さんによる小学4年の文学の授業（「古い家」）であった。倒れそうな古い家が、その家を訪れたウサギやネズミなどとの交流によって寿命を永らえ、やがて人知れず倒壊する物語である。テクストとの対話をたっぷり行ったうえで、子どもたちはグループで読みを交流し、文章の言葉の微妙な綾から文学的情緒を読み味わっている。そのプロセスで陳さんは、比喩やアイロニーや文体の細かな変化に気づく子どもの発言を引き出してつなぎ、どきどきするほどの読みの交流と深まりが実現している。文学における真正の学びが実現できることを教室の事実で提示する圧巻の授業であった。

中国における学びの共同体　その飛躍的な発展

この18年間の中国における授業の改革はめざましいものがある。「応試教育」（受験学力）から「素質教育」（質的学力）への転換を軸として、中国はカリキュラム改革と授業改革を急速に展開してきた。その急速な発展は経済発展を超えていると思う。その改革において、最も愛読されたのが私の著書（10冊が翻訳出版）であり、最も高い関心を集めてきたのが学びの共同体の改革である。

中国における学びの共同体の改革は、本の出版から始まった。私の3部作『カリキュラムの批評』『教師というアポリア』『学びの快楽』が、2003年の教育課程改革の中心的指導者であった鍾啓泉教授（華東師範大学）によって翻訳されて2003年と2004年に出版され、他方、その前年2002年に翻訳出版された『静かな革命』（邦題『授業を変える・学校が変わる』）は200万部以上のベストセラーとなった（同書は今も毎年

15万部が増刷されている。）さらに、２００６年に人民大会堂の教育者会議で招待基調講演を行ったことから、学びの共同体は全国の教育関係者に知られるものとなり、草の根の実践が中国全土に拡大することとなった。

５年前、第4回国際会議を北京師範大学で開催したのを契機として、同大学に学びの共同体国際センター（私は客員教授）が開設され、東京大学での教え子の于莉莉さんが専任で着任することにより、学びの共同体の改革は第二のステージへと入っている。このセンターは、北京、上海、重慶、福建省、浙江省、湖南省、四川省に15校のパイロット・スクールを建設し、中国全土の学びの共同体の改革のネットワークを形成することを標榜している。他方、中国の5大公益財団の一つ上海真愛夢想財団が多額の基金を提供して中国学びの共同体研究院が創設され、現在では、北京師範大学のセンターのプロジェクトと上海真愛夢想財団のプロジェクトとがこの改革の中心拠点として活動している。

中国における普及の特徴として、学びの共同体の認知度はどの国よりも高く、数えきれないほどの学校と教室で教師たちが実践に挑戦しているにもかかわらず、それらが見えない草の根であり組織化されていないことがあげられる。中国の校長や教師たちは、理念と哲学において同意できれば、どんな困難な状況でも実践化する精神を有している。しかし、学びの共同体の改革は、どの改革よりも複雑な全体的な改革であり、そう簡単には実現しない難しさがある。安定したパイロット・スクールの建設が不可欠である。

幸い、中国の授業改革のめざましい進展の基礎には校長と教師の優秀さがある。現在、行政予算の4％を教師の研修費に充てることが政策で決定されており、どの学校も教師の研修の予算は日本とは比べようもないほど潤沢である。年間の研修費が1千万円以上という学校も珍しくない。教師教育の水準が一挙にあがり優秀な若い教師たちを輩出していること、校長たちが、卓越した授業能力と教育的見識を備えていること、そして教師の研修に潤沢な資金を行政が投入していることにより、学びの共同体をはじめ、学校と授業の改革がどの国よりも顕著に進行している。

第7回学びの共同体国際会議は、2019年10月15日から17日、タイのバンコクで開催されることが決定した。EDUCA 2019という3万人の教師たちが参加する大イベントの中での開催である。各国の実践はいっそう進展するに違いない。その交流が愉しみである。

世界授業研究学会・北京大会

福州市での国際会議の1週間後、北京師範大学において世界授業研究学会の大会が開催された。世界36か国・地域から900名以上が参加し、授業研究と教師教育の国際交流が行われた。そのプレナリー・シンポジウムの一つが「アジア諸国における学びの共同体」であり、私が司会と基調報告、学会副会長の秋田喜代美さん、インドネシア授業研究学会会長のスマール・ヘンダヤナさん、そして北京師範大学学びの共同体国際センター専任講師の于莉莉さんが各国の学びの共同体の改革について事例にもとづく報告を行った。

アジア諸国において学びの共同体の改革が国によっては国家政策あるいは準国家政策になるほどの大きな影響力をもっている背景は三つある。一つは、アジアが世界で最も経済的社会的変化の激しい地域であり、「21世紀型の学校」への変革が最も熱心に取り組まれている地域であることである。二つ目の背景として、この地域における民主化の進展がある。社会民主主義を根本思想とする学びの共同体は、各国の民主化に呼応して普及している。三つ目の背景として、新自由主義の市場経済と公共政策によって、どの国も貧富の格差が拡大し、公教育が危機に瀕している現実がある。学びの共同体の改革は、新自由主義の政策とイデオロギーに対抗して、一人残らず子どもの学びの権利を実現し、教師の専門家としての成長と自律的な同僚性の構築によって、「21世紀型の公教育」として歓迎されてきたのである。

世界授業研究学会大会の最終日は北京市内の学校訪問が企画された。私は、北京師範大学の学びの共同体国際センターのプロジェクトに参加している豊台区第五小学校を訪問した。同校は、五つの小学校で「教育集団」を形成している。校長は李磊さん、彼女が学びの共同体の学校改革と出会ったのは、6年前、福州教育学院附属第四小学校を訪問し教室の事実に出会ったことである。それ以来、彼女は私の著作を丹念に研究し、学びの共同体の理論の実践化を同じ豊台区の草橋小学校の林挽玲校長とともに開始した。私はこれまで4度、同校を訪問してきたが、その改革は驚異的である。同校は1千名を超える児童数の学校5校で教育集団を形成しているが、最初に訪問した時の実践校は一つ、今では5校のすべての学校、すべての教室で学びの共同体の実践が展開されている。この教育集団の児童数は5千名以上、教師の数は300名近い。そのすべての子どもが対話的で探究的な学びに夢中になり、すべての教師が授業を公開し合って共に専門性を高めている。この学校づくりにあたって、李校長は、学びの共同体の本4冊を全教師で読み合い、多数の教師を国内と日本のパイロット・スクールに派遣し、すべての教師の授業研究を積み上げて「静かな革命」を実現させてきた。こういうところに、中国の学びの共同体の学校づくりと授業改革のすごさがある。

タイにおける学びの共同体の改革
―大学と学校のパートナーシップ―

タイにおける学びの共同体の特徴

２０１９年2月20日から23日、タイの首府バンコクの学びの共同体の学校３校とネットワークの拠点となっているチュラロンコン大学を訪問した。タイは国土は日本の１・５倍、人口は日本の３分の2である。アジアでは日本と並んで植民地を経験していない二つの国の一つである。１９３９年までの国名はサヤーム（シャム）、山田長政をはじめとして近世において日本との交流が深かった国である。多民族国家で、タイ族が75%、中国人が14%、他はマレー系、インド系などで構成されている。宗教は95%が上座仏教を信仰し、仏教文化がタイ人の生活の根底に横たわっている。これまで4度訪問したが、タイ人の寛容さと人への丁寧な接し方に心を打たれてきた。それらの特徴は仏教文化に根ざしているのだと思う。

バンコクは世界トップクラスの観光地である。チャオプラヤー川の夜景は美しい。川沿いにはヨーロッパ人を対象とするホテルやレストランが並び、立ち並ぶ寺院の円錐の塔と不思議に調和している。この夜景を眺めながら食べるタイ料理のおいしさは格別である。

タイに学びの共同体の改革が導入されたのは、アジアでは最も遅く6年前である。インドネシアの学びの共同体の改革が、タイのテレビで報道され、「タイの東大」と呼ばれるチュラロンコン大学教育学科の人たちが附属学校で改革を始めたのがきっかけである。翌年には第3回学びの共同体国際会議（学習院大学）に多数が参加し、チュラロンコン大学を卒業した校長たちを中心に改革のネットワークが形成された。

その中心に私と同世代のシリパルン・スワンモンカ教授がいる。彼女と最初に会ったのは2015年の第3回学びの共同体国際会議であった。柔らかな物腰と慎み深い人柄、そして教育学の叡智を兼ね備えた方である。最初にお会いした時から彼女のファンになった。

スワンモンカさんの教育学の高い見識は、ミシガン州立大学大学院に留学した時の研鑽によるものだという。奇遇である。私も30代、40代のころ、ミシガン州立大学は4度も招聘されて講演を行った大学であり、スタンフォード大学、コロンビア大学、ハーバード大学と並んで親しい関係を築いた大学である。ミシガン州立大学は全米で進歩主義教育の伝統を最もよく継承してきた大学であり、教師教育改革を主導したホームズ・グループの拠点大学であり、このグループが提唱する「教職開発専門学校（professional development school）」の学校理念は「学びの共同体」と表現されていた。スワンモンカさんと私は、数十年前から見えない糸で結ばれていた。

タイにおける学びの共同体のもう一つの推進力が、タイ政府の政策を委託されて執行している法人ＰＩＣＯの教育担当者、フィリアさん（部長）とニアポルンさん（所員）のお二人である。この二人の尽力と支援がなければ、タイにおける学びの共同体の改革は実現しなかっただろう。このＰＩＣＯに２０１８年からインドネシアで改革を推進してきた高橋理恵さんがスタッフに加わり、日本とタイの学びの共同体は太い絆を結んでいる。

ＰＩＣＯは、毎年3万人の教師を集めるビッグ・イベント、ＥＤＵＣＡを開催している。その２０１５年の基調講演者はオーストラリアのモナシュ大学准教授の齊藤英介さん（当時はシンガポールの国立教育研究所）、２０１６年の基調講演は私、２０１７年の基調講演は東京大学の秋田喜代美さん（現在学習院大学）であり、いずれも「学びの共同体」が中心テーマであった。しかも、２０１５年以降、フィリアさんとニアポルンさんは、毎年必ず学びの共同体の国際会議に参加している。

なぜ、フィリアさんはこれほどまでに学びの共同体の改革に献身的なのだろうか。「ムーミン・パパ」と私はニックネームをつけているのだが、そのフィリアさんにこの問いを尋ねると、彼がチュラロンコン大学附属中等学校の生徒だった時、同校は進歩主義教育の理念で授業を行っていたという。その被教育体験が彼の改革のエネルギーの源である。ここでも、進歩主義教育を媒介として、私とフィリアさんは見えない糸で結ばれていた。

拠点校を訪問して

今回の訪問で喜ばしかったことの一つは、チュラロンコン大学のアタポルさんやジャリントンさんのような若い優秀な教育研究者たちが学びの共同体の改革に参加し、着実な成果をあげてきていることだった。スワンモンカさんや彼らと一緒に、滞在中、三つの拠点学校を訪問した。アタポルさんが関わっている市の中心に位置するブッダヤク・ウィッタヤ中等学校、スワンモンカさんが協力している郊外の貧困地域のワット・マイ・クラトゥロム小学校、そしてタイの最もエリート学校である私立サティト・パタナ学校（幼稚園から高校）である。いずれも学びの共同体の改革を2年以上継続してきた学校である。

ウィッタヤ中等学校では、アタポルさんの指導学生の実習生の高校生物の授業を中心に検討会がもたれた。この授業は野生の動物の概数を求める調査方法が実験モデルによって

バンコク郊外の小学校の学びの風景。

探究され、学びのデザイン（共有の学びとジャンプの学び）とグループ学習におけるケアの関わりと協同による探究の組織について協議された。同校で学んだことの一つは、PLC「専門家学習共同体（Professional Learning Community）」の改革と学びの共同体の改革との類似性と相違点である。同校では、PLCと学びの共同体の改革を同一視して改革を行ってきたが、それによって、むしろ同僚性の構築が困難な状況に直面していた。

クラトゥロム小学校では、近隣の20の学校長も参加し、子ども一人ひとりを主人公とする学びの共同体の協同的学びの特徴と、聴き合う関わりを基盤とするケアと探究の組織について研修が行われた。同校では、すべての教室で学び合いの場と関係と環境が整っており、教師たちの授業改革への意志も着実に育っており、困難な子どもたちが安心して学び合える学校が実現していた。

他方、パタナ学校は名門私立というだけあって、学校の建物も設備も超一級であり、タイでトップのエリート校で学びの共同体の改革が成功している姿は感銘深かった。訪問した日は同校の公開研究会の日であり、タイ全土から約３００名の教師が授業を参観し協議会に参加していた。幼稚園から高校までの学びの共同体の学校は、世界でも一つではないだろうか。それを実現したノイ校長のリーダーシップは驚嘆に値する。ノイ校長も、４年間、学びの共同体の国際会議のすべてに参加してきた中心的リーダーの一人である。彼女は、前職がチュラロンコン大学附属学校長であり、その中で培った教育の見識が現在の学びの共同体の改革に継承されている。

改革を支えるネットワーク

タイ政府は、現在、「質の高い教育」を求めてＰＬＣを中心政策とする改革を推進している。ＰＬＣによる学校改革は、10年ほど前から世界共通の動向だが、この数年、香港、シンガポール、タイなどの東南アジアの教育政策のトレンドになっている。タイにおける

ＰＬＣは、学びの共同体の改革と結びついて展開されているところに特徴がある。しかし、この二つの結合は、それほど容易ではない。ＰＬＣは校内研修と授業研究の普及によって推進されているが、学びの共同体の改革は、子どもの協同的で探究的な学びの実現を中核として、子どもの学びの権利の保障、質の高い学びを実現する教師の専門家としての成長、学びのデザインによるカリキュラム改革、誰もが主人公になる学校全体の民主化、そしてそれらの改革を推進する保護者の協力と連帯を必要としている。いわば、学校教育全体の「革命」である。この二つの溝がどう埋められて、ＰＬＣの政策と学びの共同体の学校改革は相互補完的な発展を遂げるのだろうか。今後の検討が必要である。

最終日の2月22日は、チュラロンコン大学教育学部主催で「学びの共同体のグローバルな普及と進歩（School as Learning Community: Global Dissemination and Progress）」と題する講演を教授、院生、学生を対象に行った。２００名規模を想定した企画だったが、４００名近くが参加し、熱心な聴講で関心の高さが印象深かった。同大学での講演は2年前にも行ったが、タイの教育研究は今、新時代にふさわしい新しい学風の創出へと動き出している。

講演終了後、チュラロンコン大学で、この年10月にバンコクで開催する第7回学びの共同体国際会議の企画について、高橋さんを中心にスワンモンカさん、アタポルさん、フィリアさん、ニアポルンさんと話し合った。その結果、10月15日を学校訪問とし、EDUCA開幕の1日目（10月16日）を学びの共同体国際会議の基調講演で企画して、翌17日をEDUCAの一部として学びの共同体の国際会議の分科会と閉会式を設けることとなった。EDUCAは毎年「教師の日」（休日）に開催され、3万人以上の教師が参加するタイで最大の教育イベントである。この国際会議が、タイの学びの共同体の改革の跳躍台になることはまちがいない。

その夜の帰路の飛行機で、前日、国際会議のレセプション・パーティの下見として訪問した川沿いのガーデン式の豪華レストランで、スワンモンカさん、フィリアさん、高橋さん、ニアポルンさんと熱く語り合ったことを思い出していた。蓮の花で包んだ前菜の絶妙の味を堪能し、私の好きなメコン（タイウィスキー）をたしなみながら、タイの子どもたちの学びにとって学びの共同体は最も適しており、タイの教師たちの成長にとって最も適しているという確信をもつ。ここに私たちの小さな歩みが開く未来がある。

躍進する中国の学びの共同体
―今日から明日へ―

疾走から躍進へ

学びの共同体の改革は世界17か国に普及しているが、この数年、最も活況を呈しているのは中国である。その要因は主として次の諸点にある。

第一に中国では学びの共同体の認知度はどの国よりも高い。中国は広大で巨大な国であり、教師の数は1千万人を超えている。その1千万人を超える教師たちの中で私の著書を読んでいない教師はいないと言われている。その真偽はともあれ、それほどまでに中国において学びの共同体の改革は教師、教育研究者、教育行政関係者たちの熱い関心を集めてきた。私の論文が中国の研究者たちの関心を集め出したのは1990年ごろ、最初の翻訳書『静かな革命』が出版されたのが2002年、以後、私の3部作（『カリキュラムの批評』

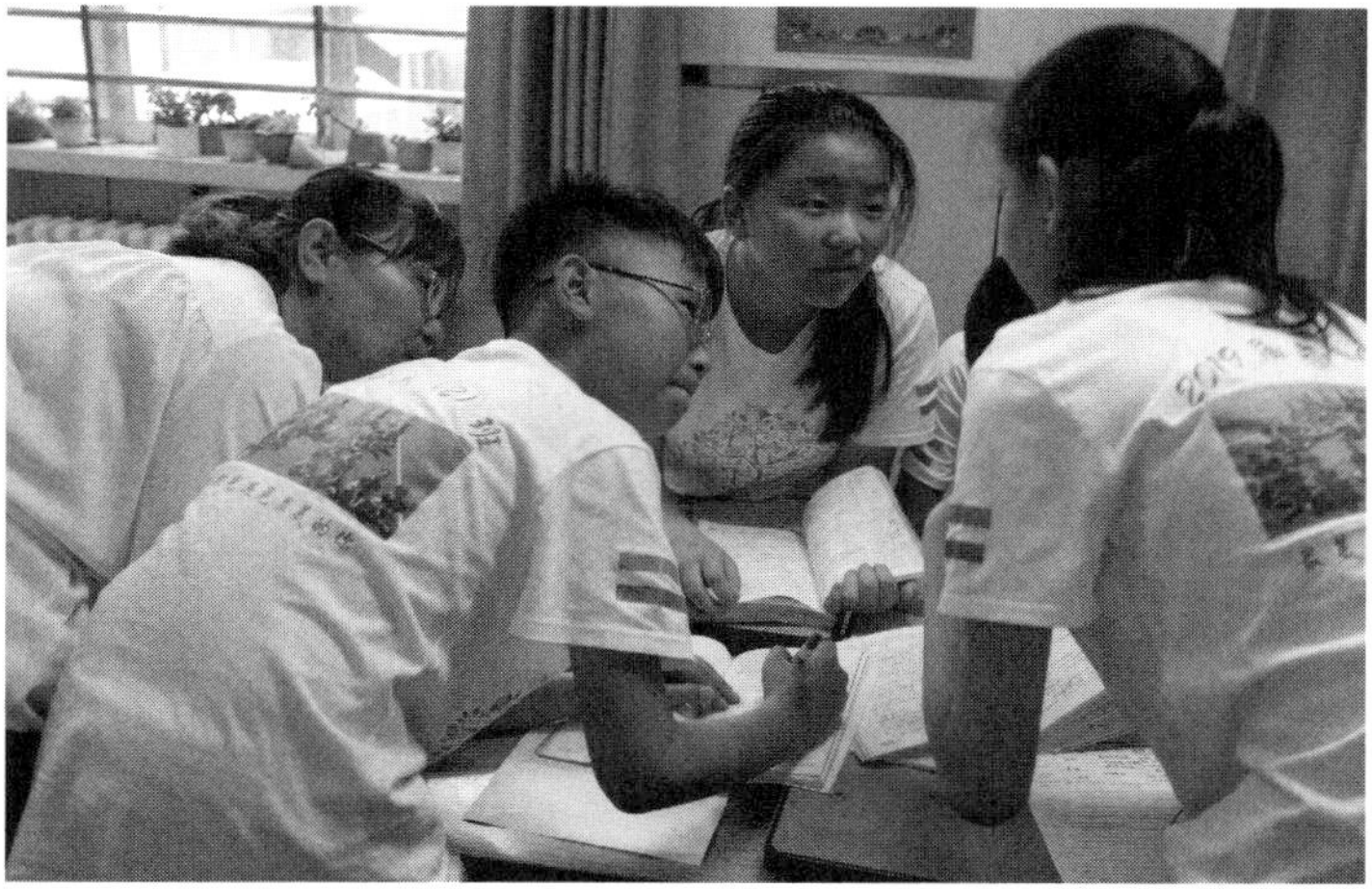

北京市豊台区第五小学校の教室風景。

『教師というアポリア』『学びの快楽』）をはじめ、これまで合計10冊の著書が翻訳され、併せて台湾の繁体字の翻訳書も普及しているので、多数の著書が50万部から200万部というベストセラーとして愛読されている。この数字を見ると、確かに私の著書を読んでいない教師はいないという状況はあながち誇張ではない。事実、中国の教育に海外から最も影響を与えた人物としてジョン・デューイ、スホムリンスキー（旧ソ連）の二人があげられるが、私はそれに匹敵する人物とさえ言われている。これらはもちろん、私にとって想定外の出来事だった。

なぜ、私の著作がそれほどまでに中国の教育者に愛読されているのだろうか。中国の教育研究者と教師たちが語る理由は次の二つである。一つは学びの共同体の改革が「21世紀型の学校と授業」のヴィジョンと哲学を提示していることである。もう一つは、それらの著作が「理論と実践の往還を実現している」ことである。中国の教師たちは日本以上に理論と哲学への関心が高い。しかしこれまでの教育学は実践から遊離した理論でしかなかった。その間隙を私の翻訳書が埋めたのだという。

中国における学びの共同体の爆発的普及の第二の要因は、中国の社会と経済の急激な発展にある。改革開放政策が推進された32年前、中国のGDPは日本の10分の1であった。その中国のGDPが日本のGDPを抜いて世界第2位になったのが2011年、現在は日本の3倍に達している。2025年にはアメリカを抜いて世界一になると言われている(内閣府推定)。この30年間中国は疾走し続けてきた。教育も同様である。この疾走する経済と社会の中で学びの共同体は教育者たちに改革のヴィジョンと哲学を提示してきたのである。

さらに、中国経済の飛躍的発展は学校の財政基盤も豊かにしてきた。地方財政の4%を教師の研修費に充てることが法律で定められ、各学校は日本の学校と比べて50倍から100倍程度の研修費を保有している。一つの学校で年間1千万円以上の研修費をもっている学校も珍しくない。日本の学校の惨状を思うと羨ましい限りだが、研修の財政基盤が整うことによって、この10年間、教師たちの学校を基盤とする研修と研究は飛躍的に向上した。

約20年間、中国各地の学校を訪問してきた私の実感から言って、15年前の授業と比べて現在の授業は信じられないほどの発展を遂げている。かつてはどの教室も機械的な暗記と反復練習（ドリル）中心の授業であったが、今はほとんどの授業が思考と探究を中心とする授業へと変化している。教師たちの資質と専門家としての能力も飛躍的に向上している。中国の新任教師の数は毎年約90万人であるが、3分の1以上が修士号を取得している。中国では「特級教師」という称号があり、各教科の授業のヴィルトゥオーゾ（達人）を指導者として教師の研修を推進する伝統があるが、この「特級教師」たちが授業と学びの質を飛躍的に高めてきた。そして「特級教師」たちの多くが、学びの共同体の推進者であることも、爆発的普及の要因の一つである。

北京師範大学の学びの共同体プロジェクトを中心とする改革

北京師範大学に学びの共同体の研究センターが開設され、パイロット・スクールとその全国ネットワークを構築するプロジェクトが開始されて4年になる。このセンターの所長は教育学部長の朱旭東教授、専任講師は私の教え子の于莉莉、私が客員教授として名誉顧問をつとめている。このセンターは、中国各地に2年間で約15校の小、中、高のパイロット・スクールを建設し、全国ネットワークを構築してきた。その成果は驚異的と言ってよい。なかでも、北京市豊台区第五小学校、北京市第十八中高等学校、豊台区草橋小学校、豊台区第八中学校、重慶市華新小学校、福建省福州教育学院附属第四小学校、湖南省株洲市八達小学校、上海市子長（小中）学校などは、世界トップレベルの授業と学びと研修を実現している。その驚異的とも言える成功は、改革を支援してきた私自身も驚いている。

4月、5月、6月の訪問の経験からいくつかの学校改革の概要を提示しよう。

北京市豊台区第五小学校（李磊校長）の改革は、中国における学びの共同体の改革の典型の一つである。同校は五つの分校を含んで「教育集団」を形成している。児童数の総数は5千人を超え、教師の総数も300人に達する。中国の学校規模は世界一大きいが、同校はその中でも大規模校である。その学校がわずか1年で、すべての教師、すべての教室、すべての授業で学びの共同体を完璧に実践する改革を実現した。2年目を終える6月に訪問すると、子どもたちの成長が著しいだけでなく、教師たちの学び合いと専門家としての成長も素晴らしく感動的であった。

なぜ、このような改革が実現したのだろうか。その最も大きな要因は、李校長の改革に対する強靭な意志と教育に対する高い見識と教師たちに対する女性らしい繊細な支援にある。李校長は、一日の大半の時間を教室の参観と教師たちの支援に充てている。5千人もの子どもたちと300人もの教師たちの日々の学びを細やかに観察し、その支援を行っているのである。すごい校長である。彼女は「この改革は私が長年希求してきたもの。そのことを子どもたちと教師たちが日々教えてくれる。この学校はもっと民主的で、もっと個性的で、もっと創造的でなければならない」と語る。

北京市第十八中高等学校（菅傑校長）も2年間で世界トップレベルの授業と学びを実現してきた学校である。同校は生徒数が3千人近い大規模校であり、教師間の関係においても授業においても生徒の学びにおいても、問題が山積していた学校であった。4年前、北京師範大学の学びの共同体プロジェクトが開始される直前に同校を訪問した私は、それらの難しさを直感し、プロジェクト開始を1年先に延ばすことを菅校長に提案したほどである。学びの共同体の改革は「改善」や「改良」ではなく「革命」である。それを今推進すると校内は分裂して混乱し、菅校長をはじめ管理職の人々が教師たちとの間に溝を深めてしまうことを懸念したからである。

このとき、体育が専門の屈強で大柄な菅校長は涙を浮かべながら「私がたどり着いたこれこそホンモノと確信する改革が学びの共同体の改革である。どんな困難があってもこれ以外に道はない」と私に訴えてきた。そして私の講演後、すべての教師に私の意見と自分の意見とを提示し、その場で票決をとったのである。結果は9割以上が菅校長への賛同であった。

しかし、1年目は私の予想通り改革は難航した。半年以上、ほとんどの授業は一斉授業のスタイルから抜け出せなかった。しかし、そこから奇跡のような変化が生まれる。生徒たちの学びが徐々に変化し、やがて教師たちが確信を持ち始め、そして学力と進学実績が向上したことで一気に改革が加速した。分校の中学1、2年の授業改革と教師の学びがめざましい進展を遂げたことも推進力となった。そして2年目には、すべての教師が学びの共同体の改革を推進し、すべての教室で改革が展開し、その結果、数々の困難を抱えていた学校であるにもかかわらず、学力と進学実績においても北京市のトップレベルへと向上した。

同校の改革においても菅校長のリーダーシップが最大の推進力になった。菅校長が同校に着任したのは7年前、難しい教師間の関係の中で数々の困難を乗り越えてきた。彼のすごさは、いつも学び続ける見識の高さにあると思う。菅校長ほど学びと研鑽に熱心な校長はこれまで見たことがない。教育に対する広い視野と深い見識をもっている校長なので、語る言葉に説得力がある。その見識に対する信頼が、難しかった教師の関係を学びの共同体のヴィジョンと哲学と実践によって統合することに成功したのである。

明日への展望

２０１９年6月、学びの共同体の新しいパイロット・スクールの準備として初めて安徽省を訪問した。首府の合肥市の二つの学校である。一つは小規模校の学校で、訪問するとすでにすべての教師、教室で学びの共同体の改革が開始されていた。私が興味深かったのは、もう一つの児童数が6千人以上、教師の数は３８７人の大規模校であった。同校はその前年から学びの共同体の改革の準備を行い、すべての教師が私の著書を4冊読んで研究会を重ねてきたという。さっそく全教室を訪問したのだが、どの教室でも一斉授業が行われていた。これが中国の学校の現実なのだろう。おそらく中国のほとんどの教師たちが学びの共同体の改革を希求しながらも、どこから着手すればいいのか、どう実現すればいいのか、わからないまま改革の糸口を探しているのである。同校の校長をはじめ、教師たちはすべて改革に希望を見出し、そこに明日を託している。これからの同校の変化が愉しみである。

学びの共同体のグローバリズム

世界教育学会創立10周年記念大会

２０１９年8月5日から8日、世界教育学会（World Education Research Association:WERA）創立10周年記念大会を東京大学安田講堂（8月5日）と学習院大学（8月6、7、8日）で開催した。参加申し込みは65か国から１０１７名（うち９０３名参加）、発表総数は６５１件という大規模な大会となった。世界教育学会は、10年前の２００９年アメリカのサンディエゴで28か国・地域の教育学会連合体として結成され、同年ウィーンで創立大会が開催された。私も創設メンバー5人の1人であり、その経緯もあって10周年記念大会の開催実行委員長をつとめた。2年間にわたる開催準備は激務だったが、例年の3倍近い参加者が集い、内容的にも私の期待を超える充実した大会となった。

大会のテーマは「民主主義と教育の未来：公正平等と社会正義を世界で実現する（Future of Democracy and Education: Realizing Equity and Social Justice Worldwide）」と設定した。グローバリズムの進展によって、どの国においても教育の公共性、公正と平等、社会正義、教職専門性の自律性は危機に直面しており、その危機を克服する民主主義と教育のあり方が問われている。その現実を真正面から掲げたテーマであった。このテーマに応えて、基調講演者のアンディ・ハーグリーブズ（カナダ）は「教職専門の協同性」を論じ、スティーブン・ボール（イギリス）は教育がビッグビジネスとなったグローバル市場における学校と教室の変化を論じ、ガート・ビースタ（オランダ）は民主主義教育の哲学を論じ、イングリッド・ゴゴリン（ＷＥＲＡ会長・ドイツ）はヨーロッパの多文化状況における民主主義教育の過去と現在を論じ、ウゥンセング・タン（シンガポール）は学校改革と民主主義の連関について論じた。特別企画シンポジウム、シンポジウム、自由発表、ポスター発表は包括的であり多彩だったが、どの報告もグローバルな視点から教育政策・実践・研究を問い直すものであり、国際学会の必要性と重要性を喚起するものとなった。

なお、私が報告したシンポジウムは特別企画のプレワークショップ（秋田喜代美企画）「日本の授業と授業研究」と招待シンポジウム「アジアの大学におけるリベラルアーツ教育の現状と課題」および一般シンポジウム「授業研究の国際的多様性」（世界授業研究学会

〈WALS〉主催）の三つであった。

エスクエラ・ヌエバと学びの共同体

大会全体をとおして印象深かったことは、学びの共同体の授業改革と学校づくりに対する世界からの関心がこれまで以上に高まっていることである。どこでも参加者から学びの共同体に対する期待と質問が寄せられ、改めて世界における学びの共同体の改革の位置と意義について再考する機会となった。確かに、この20年間を回顧すると、おびただしい種類の授業改革と学校改革が世界中で試みられてきたが、その中で国際的な展開において顕著な実績をあげた学校改革は「エスクエラ・ヌエバ（Escuela Nueva：新学校）」と「学びの共同体（School as Learning Community）」の二つだろう。どちらもジョン・デューイの進歩主義教育の伝統を継承し、「協同（collaboration）」と「共同体（community）」を中心概念として展開している。しかし、その実践の文脈と様式と普及の経緯は異なっている。

エスクエラ・ヌエバは、スタンフォード大学大学院に留学したヴィッキー・コルベルトがコロンビアの山間部のインディヘナ（先住民族）の小さな学校で実施した改革であり、すべての学年を単学級で組織し、インディヘナの伝統的な民俗文化によってカリキュラム

世界教育学会創立 10 周年記念大会（安田講堂）。

を組織し、協同的な総合学習によって学びの改革を実現させた。この小さな学校の改革が世界中に認知される契機となったのは、ダボス会議をベースに組織されたＷＩＳＥ財団の教育賞の第1回の受賞者として彼女が選ばれたことによる。それ以来、エスクエラ・ヌエバは世界銀行（World Bank）の教育事業の中心戦略となり、教育改革の巨額の投資事業として途上国を中心に普及し、各国政府のトップダウンの政策によって世界の2万5千校に普及した。

それに対して学びの共同体の改革は、日本の教師のインフォーマルな専門文化である授業研究の伝統を継承した公共性と民主主義と卓越性の哲学による学校改革のプロジェクトであり、ボトムアップの改革をトップダウンの政策と結合することによって、アジア諸国を中心として国内外のネットワークを形成してきた。エスクエラ・ヌエバが世界銀行というグローバルな巨大資本の投資事業として途上国に普及したのに対して、学びの共同体の改革は普及の規模においてエスクエラ・ヌエバとほぼ同等であるが、国際機関や政府主導の改革ではなく、教師主導の草の根の改革のネットワークとして先進国にも途上国にも普及してきたのである。

韓国の学びの共同体夏のセミナー

世界教育学会大会の1週間後の2019年8月15日と16日、毎年恒例となっている韓国学びの共同体研究所主催の「授業づくり・学校づくり全国セミナー」に参加し、講演とシンポジウムを行った。この年の開催地は全羅南道の木浦《モッポ》、韓国で最も交通が不便な地であり、しかも日韓関係が最悪の状態で、さらに高校はすでに授業が開始された時期となり、最悪の条件での開催であったが、今年も例年に匹敵する1千名近い教師たちが韓国全域から集うセミナーとなった。

奇しくも、この全国セミナーも10周年記念大会であった。2009年、ソウルで開催した最初の大会は、まだパイロット・スクールは数校の段階であり、教師が自ら手弁当で参加する集会は韓国で初めてのこともあって参加人数が危ぶまれたが、予想を超えて４００名を超える参加者が集ったことが思い起こされる。そして2年目からは毎年、わずか数日で参加定員の１千名を超える申し込みが殺到するようになった。

この12年間、韓国における学びの共同体の改革は爆発的とも言える普及を遂げてきた。爆発的普及の基盤となったのは、教育監（17行政区の教育長）が公選制となり、「革新教育監」と呼ばれる民主的な教育長が誕生したことによる。最大の行政区である京畿道においてキム・サンコン（現在は教育大臣）が最初の革新教育監として選出され、彼が学びの共同体の改革方式であるパイロット・スクールのネットワークという方略を「革新学校」という制度で導入したことが、韓国の学校改革の草の根の改革運動を準備したのである。現在では、17の行政区のうち15の行政区が革新教育監であり、残り二つの保守的な教育監のうち一人は学びの共同体の改革の賛同者なので、教育行政において学びの共同体の改革はメインストリームを形成してきた。韓国全域に６００校を超える革新学校が組織されているが、その多くは学びの共同体のパイロット・スクールとして機能している。これほどの展開は、12年前には誰も想像しなかったことである。

全国セミナーは、毎年全体会における三つの実践報告と私の講演、24の分科会（幼小中高）、全体会における提案授業（ＤＶＤ視聴）と授業者と孫于正《ソンウジョン》（韓国学びの共同体研究所長）と私の座談というプログラムで実施されてきた。年々、分科会でＤＶＤ記録で提案される24の授業事例と授業協議会の質が高まっているのが特徴的である。学びのデザインとリフレクションの双方において、日本、中国、韓国、台湾はほぼ同等の質的水準に到達している。

韓国の学びの共同体の改革の特徴の一つが、スーパーバイザーの教師たちの学びと実践の情熱の強さにある。80名近くの教師たちがスーパーバイザーとして活躍しているが、彼らは年間4回研修合宿を行っており、その参加率はいつも90％以上である。その高い志と改革への意志が韓国の学びの共同体のエネルギーを支えている。

しかし、すべてが順風満帆というわけではない。たとえば、韓国の学びの共同体のパイロット・スクールの9割は中学校と高校であり、小学校の改革が難航している。また大学教授として参加しているのは孫于正さんのみであり、大学とのパートナーシップも難航している。それらをどう克服するかが、今後の課題である。

国際ネットワークの発展へ

世界教育学会の大会の1週間前は、中国安徽省において北京師範大学主催の学びの共同体全国セミナーを開催した。またこの年の9月1日からはオランダのアムステルダムで世界授業研究学会の大会が行われ、そのうちの1日が「学びの共同体」をテーマとする企画に充てられた。私はそれに参加した後、ドイツのデュッセルドルフで学びの共同体の改革を開始した学校を訪問した。さらに10月にはタイのバンコクにおいて第7回学びの共同体国際会議が開催された。この国際会議は、タイの最大の教育イベントであるＥＤＵＣＡ２０１９（教師3万人が参加）の一環として実施されたが、そのＥＤＵＣＡは4年前から「学びの共同体」を中心テーマとして開催されてきた。11月には、インドネシア授業研究学会が国際シンポジウムを企画し、この国際シンポジウムも、この5年間「学びの共同体」をテーマとして開催されてきた。

そして、２０１9年9月、中国における最高レベルの教育賞である顧明遠財団教育賞受賞の知らせが届いた。これも中国における学びの共同体の功績を讃えた受賞である。学びの共同体の改革はグローバルな教育改革の主要な実践の一つなのである。

学びの共同体の国際会議
―アジアから世界へ―

国際会議の秋

学びの共同体の改革の国際的な展開は新しいステージを迎えている。２０１９年8月5日から8日東京大学安田講堂と学習院大学で開催された世界教育学会（ＷＥＲＡ）創立10周年記念大会（私が実行委員長）、9月1日から6日オランダのアムステルダムで開催された世界授業研究学会（ＷＡＬＳ）のシンポジウムとエキスパート・セミナーにおける私の基調講演、そして10月15日から17日タイのバンコクで開催された第7回学びの共同体国際会議、さらには11月7日から9日スマトラ島のパダンで開催されたインドネシア授業研究学会主催の国際会議に参加し、その実感を強くした。

私が日本で創発した学びの共同体の改革は、２０００年前後にアメリカとメキシコに普

第７回学びの共同体国際会議の報告者たち。

及し、２００６年ころから中国、韓国、インドネシア、ベトナム、シンガポール、香港へ、そして２０１０年代に入って台湾、タイに拡大した。そして現在、イギリス、ドイツなどヨーロッパ諸国においてもパイロット・スクールが建設されている。ヨーロッパにおいて特に顕著な実績をあげているのは、ケンブリッジ大学のピーター・ダドレイ（世界授業研究学会会長）がロンドンのケンドン区の全学校で実施している「Oracy プロジェクト」である。「Oracy」は、ヴィゴツキーの「発達の最近接領域」にもとづくニール・マーサーの協同的学びの理論と１９７０年代に「コミュニケーションとしてのカリキュラム」を提唱したダグラス・バーンズの「探索的会話」の理論を統合した学びの改革のプロジェクトであり、「Listening Pedagogy」にもとづく「学びの共同体づくり」を教室と職員室で実現して画期的成功を収めている。新しい国々としては、9月に訪問したドイツの学校のほか、メキシコ、オランダ、南アフリカ共和国においても「学びの共同体」の改革が進行中である。これまで私の著書は12か国語で出版されてきたが、今も毎年5冊から10冊、多くの言語で翻訳出版作業が進行し、「学びの共同体」の国際的な展開は明らかに新しいステージへと移行している。

その一つの象徴は、中国における学びの共同体の改革の著しい発展だろう。10月31日と11月1日、北京師範大学において第3回学びの共同体全国セミナーを開催して拠点15校の交流を行い、10月から11月にかけて北京市豊台区の第五小学校、草橋小学校、第八中学校、北京市第十八中高等学校、安徽省合肥市の二つのパイロット・スクールと北京市大興区（全学校が挑戦）教師研修センターを訪問したが、どの学校も授業と学びの質において世界トップ水準に迫る進展を遂げている。中国の拠点校の多くは、4校から6校程度の「教育集団」を形成しており、児童生徒数は5千人から6千人、教師の総数は300人から400人に達する。そのすべての教室、すべての授業で学びの共同体の改革が遂行され、すべての教師によってその実践研究が推進されている。学びの共同体の改革によって、授業と学びと教室風景が一新され、学校は革命的な変化を遂げている。

なぜ、このような劇的な変化が諸外国で進展しているのだろうか。

各国における改革の前進：ＳＬＣとＰＬＣ

バンコクで開催した第7回学びの共同体国際会議は、世界各国の実践と研究を交流する格好の機会となった。この会議は、タイ最大の教育イベントであるＥＤＵＣＡ２０１９（教師3万7千人が参加）の中心の会議として開催され、アジア、ヨーロッパ、中米12か国・地域の学びの共同体の研究者と実践者が改革の現在について報告し討議した。基調講演は、私、先に紹介したピーター・ダドレイ（イギリス）、秋田喜代美（日本）、クリスティン・リー（前授業研究学会会長・シンガポール）、孫于正《ソンウジョン》（韓国）、余文森（中国）、シリパルン・スワンモンカ（タイ）、陳麗華（台湾）、スマール・ヘンダヤナ（インドネシア）が行った。

この大会テーマは「教室と職員室における探究と協同（Inquiry and Collaboration Both in Classrooms and Staffroom）」である。このテーマの設定には二つの意図がある。一つは、教室におけるグループ学習の質を高めることである。もう一つは、多くの国々で普及している「ＰＬＣ（Professional Learning Community, 専門家学習共同体）」の改革を推進することである。特にＰＬＣが国家政策になっているタイにおいて、ＰＬＣをどう学びの革新に接合するかは改革の中心的論題の一つになっている。もう一方で、タイにおいて学びの共同体（ＳＬＣ：School as Learning Community）の改革とＰＬＣとは混同されており、その違いと関係について明らかにする必要があった。より端的に言えば、どの学校においても国家政策であるＰＬＣは実施されているのだが、それが授業の改革や学びの革新にはつながっていない現状を克服する必要があるのである。

この論題を検討するために私は、冒頭の基調講演においてＳＬＣとＰＬＣとの共通点と差異について報告した。ＰＬＣは、アメリカ・イリノイ州の前教育長であったリチャード・デュフォアが１９９８年以降、自らの経験を基礎にして提唱した学校改革の方式であり、生徒の達成目標を明確にして達成する学びと授業の変革を推進するために教師たちが学び合う専門家共同体を建設する改革を推進している。このＰＬＣは「学びの理念を共有する共同体」「生徒の協同的学びを推進する授業づくりによる教師の学びの共同体づくり」「省察と対話による専門家としての学び」など、学びの共同体（ＳＬＣ）の改革と多くの類似点を有している。ＰＬＣとＳＬＣが混同されるのはこの類似性によっている。

しかし、ＳＬＣとＰＬＣは、いくつもの相違点を有している。ＳＬＣの改革はＰＬＣに先行しているのに加えて、ＳＬＣは「学びの権利の実現と思慮深い教師（thoughtful teacher）による教職の自律性」を追求しているのに対して、ＰＬＣは「有能な教師（effective teacher）の成長」を目的として教育行政と校長の主導で推進されており、ＳＬＣが「観察と省察によって改革を質的に評価」しているのに対して、ＰＬＣは「学力テストによって改革を量的に評価」しており、ＳＬＣは改革を「長い革命（long revolution）」として長期的に推進しているのに対して、ＰＬＣは「短期間の成果」を期待している。この違いは二つの異なる結果を導いているように思われる。一つは、ＰＬＣが往々にしてトップダウンの方式で実施されたため、アメリカやイギリスなどの諸国において教師たちの抵抗と反発を招いたことである。もう一つは、タイなどアジア諸国に見られるが、ＰＬＣの改革が職員室においては実現しても、教室の授業の改革や学びの革新につながらない傾向である。このＰＬＣの抱えてきた問題は、ＳＬＣにおいても他山の石として検討すべき課題であろう。

研究と実践の関係の多様性

第７回学びの共同体国際会議は、タイにおける改革の前進を表現する会議であった。学校訪問としてバンコク郊外のワット・マイ・クラトゥロム小学校を訪問し、会議参加者と同校の教師たちと授業の事例研究を行ったが、同校は半年前に訪問した時と比べ、驚異的な発展を遂げていた。その秘密は、改革を推進している校長たちのネットワークと学びの共同体の改革を支援しているチュラロンコン大学の教授たちの研究の進展にある。特に、チュラロンコン大学の若い教授、アタポルさんやジャリントンさんの功績は大きい。

改革における研究と実践との関係にはいくつかのタイプが存在している。一つは、イギリスのケンブリッジ大学やシンガポール国立教育研究所のタイプである。ピーター・ダドレイの「Oracy」やクリスティン・リーの「Listening Pedagogy」は、大学の研究者が学びの共同体の理論研究を提示し、その理論を基礎として学校改革のネットワークを形成している。インドネシアとタイの場合も同様である。大学の研究者による学びの共同体の研究に導かれて学校改革と授業革新が推進されている。

それに対して韓国の場合は、教師たちを中心とするスーパーバイザー約100人が年間に4回の合宿研究会を行い、学びの共同体の理論研究はもちろん、他の教育学諸理論の読書会と研究会を行って研究と実践の統合を推進している。

研究と実践の関係で最先端を開いているのは、中国における学びの共同体の改革だろう。中国の場合は、各学校において、具体的な授業の事例研究によって学びのリフレクションの研究を行うとともに教科別の研究によって学びのデザイン研究を行い、同時にテーマ別の研究グループを組織して、教室環境の研究、教師と子どもの関わりの研究、教師の学び

の研究、教師の学びを中心とする学校経営の研究などを推進している。中国における学びの共同体の改革は、哲学と理論によって普及しているが、研究と実践の関係においてもダイナミックな展開を示している。

これら諸外国における改革と比較すると、日本における改革は実践志向が強く、哲学的、理論的、研究的性格が弱いことが指摘できる。日本の場合、約１３０名のスーパーバイザーのうち、30人以上の研究者を擁しているが、研究者の場合も実践的志向が強く、理論研究の志向は弱い。これが改革にとって、どのような意味や課題を生み出しているのかは、今後、検討すべき課題の一つである。

来年（２０２０年）の第8回学びの共同体の国際会議は、11月6日から8日、5年ぶりに日本で開催される（会場は学習院大学）（新型コロナのため、２０２１年3月に延期して東京大学を拠点としてオンラインで開催された。）。これからの1年間で、国際的な改革はどのように進展するだろうか。今からその交流が愉しみである。

〈初出〉『総合教育技術』２０１８年４月号〜２０２１年３月号

あとがき

新型コロナ・パンデミックの厳しい状況にもかかわらず、学びの共同体の改革は、国内においても国外においても、いっそう発展し拡大している。一時は休校になり授業と学びのスタイルには厳しい制約がかけられ、公開研究会もほとんど実現できない状況においてである。一般の人々には信じがたいだろうが、学びの共同体はいっそう学校と教室に根をおろし、改革のネットワークを拡大している。海外も同様である。２０２０年3月5、6、7日の３日間、東京大学を拠点として第8回学びの共同体国際会議をオンラインで開催したが、31か国から２１００名以上（国内約２００名）が参加し、熱い連帯で研究と実践を交流し合った。

なぜ、学びの共同体の改革が、これほど多くの子どもたち、教師たち、教育行政関係者たち、教育研究者たちに受け入れられ実践されているのだろうか。その秘密を私自身も十分に理解しているわけではない。むしろいつも現実との格闘に追われ、「ここにしか希望を見出せない」という切迫した一念で歩み続けてきた。しかし、多少なりともわかっていることはある。その秘密は、学びの共同体の改革が方式や処方箋ではなく、ヴィジョンと哲学と活動システムのセットであり、一人残らず子どもの学ぶ権利を実現し「21世紀型の学び」の最前線を拓き続けていることだろう。

本書は、『総合教育技術』の2018年4月号から2021年3月号に連載した「学びの共同体の創造」の全35編の論稿を収めている。この3年間、学びの共同体の改革もいくつかの特徴的な発展を生み出してきた。

第一は「質の高い学び」の創造が、どの学校においても中心的な主題になったことである。第4次産業革命によるAIを中心とする新しい社会の到来は、「学びのイノベーション」を今まで以上に要請し、文部科学省の提唱する「主体的・対話的で深い学び」（アクティブ・ラーニング）が、その追い風となった。アクティブ・ラーニングは、全国の学校に普及しているが、問題の核心は「質の高い学び」が創造されているかどうかにある。学びの共同体の改革において「質の高い学び」は「探究的で協同的な学び」として追求されてきた。この「探究」と「協同」が本書で紹介した実践の中軸を貫いている。

第二に、国内外の改革の拡がりである。全国300校というパイロット・スクールの数はほとんど変化していないが、それらの学校と連携する約3千校のネットワークはいっそう緊密になり、市町村単位の取り組みも拡大した。昨年度（2020年度）は、新型コロナのため、ほとんどの学校で公開研究会の開催が不可能になったが、どのパイロットスクールも改革を発展させており、近隣の学校とのネットワークは拡がっている。学びの共同体の改革に参加した子どもは決して手放さないし、実践した教師も決して中断することはない。その学びの共同体のすごさを実感した3年間であった。

第三は、新型コロナ・パンデミックへの対応である。私たちは「一人の子どもも独りにしない。一人の教師も独りにしない」を標語にして「探究と協同の学び」を追求し続けてきた。その成果は感動的でさえある。本書は、その成果の一端も伝えている。

新型コロナと第4次産業革命は、世界と社会を激変させ、これまでに経験しなかった教育と学びのイノベーションを求めている。学びの共同体の改革は、そのフロンティアを拓く責務を担っている。本書は、その行方を探るいくつもの道標を提示するものとなった。本書を手がかりにして創造性あふれる改革と実践が推進されることを願っている。

著者

2021年3月31日（41年間の大学教師生活の終わりの日に）

著者紹介
佐藤 学
1951年広島県生まれ。教育学博士、東京大学名誉教授。三重大学教育学部助教授、東京大学教育学部助教授、東京大学大学院教育学研究科教授、学習院大学文学部教授を経て現職。アメリカ教育学会名誉会員、全米教育アカデミー会員。日本教育学会元会長、日本学術会議第一部元部長。

〈主な著書〉
『学校の挑戦―学びの共同体を創る』『教師花伝書―専門家として成長するために』『学校見聞録―学びの共同体の実践』『学び合う教室・育ち合う学校～学びの共同体の改革』『学びの共同体の挑戦―改革の現在』（以上　小学館）『カリキュラムの批評―公共性の再構築へ』『教師というアポリア―反省的実践へ』『学びの快楽―ダイアローグへ』（以上　世織書房）『教育方法学』『専門家として教師を育てる』『第４次産業革命と教育の未来』（以上　岩波書店）『学校改革の哲学』（東京大学出版会）ほか、多数。

学びの共同体の創造
―探究と協同へ―

2021年8月1日　初版第1刷発行

著者　佐藤 学

発行人　杉本 隆
発行所　株式会社　小学館
〒101-8001 東京都千代田区一ツ橋2-3-1
電話　編集 03-3230-5548
販売 03-5281-3555
印刷所　大日本印刷株式会社
製本所　株式会社若林製本工場

Printed in Japan　ISBN978-4-09-840216-8